KB233602

세창

왕연중 선생의 신나는 발명교실 2

왕연중 지음

세창출판사

▨ 머리말 / 우리 모두 발명가

우리 모두 발명가가 되자.

대부분의 사람들은 발명 하면 전화, TV, 컴퓨터, 로봇, 로켓 등 첨단기술 제품을 생각한다.

그러나, 아침에 일어나 잠자리에 들 때까지 사용하는 수많은 생활필수품들도 모두 발명품이고, 이 작은 발명들은 대부분이 생활 주변의 간단한 아이디어에서 탄생하고 있다. 또 이같이 생활필수품에 속하는 발명품일수록 첨단기술 제품보다 상품화 및 기업화가 쉽다.

작은 아이디어도 그 내용을 체계적으로 정리하여 산업재산권 중 실용신안(기존 발명품의 기능을 보다 편리하게 개선한 고안)이나 의장(기존 발명품의 모양을 보다 아름답게 디자인한 고안)으로 특허청에 출원하여 등록을 받으면 독점 권리가 주어지며, 등록을 받는 순간 발명가가 되는 것이다.

따라서 남녀노소 누구나 발명가가 될 수 있다. 누구나

할 수 있는 작은 발명이 과학자들이 할 수 있는 첨단기술 발명보다 더 많이, 더 유용하게 사용되고 있는 것이 오늘의 현실이다.

유사 이래 가장 많이 팔리고, 가장 유용하게 사용되고, 가장 많은 돈을 번 발명품도 생활 주변의 간단한 아이디어에서 탄생하였다. 철조망을 발명한 조셉을 비롯하여 코카콜라병의 루드, 십(十)자 드라이버의 필립, 쌍소켓의 마쓰시타 등이 바로 작은 발명으로 출세와 명예와 행복을 거머쥔 주인공들이다.

작은 발명으로 성공한 사례는 우리 나라 발명계에서도 수없이 찾아볼 수 있다. 세계적인 발명품으로 손꼽히는 인조목재는 서건희 씨가 발명했고, 무정류자 DC모터는 정영춘 씨가 발명했으며, 인조과일은 홍성모 씨가 발명했는데, 이들 모두 현존하는 발명가이다.

위의 국내외 발명품들은 언뜻 보면 발명품 같지 않은 발명이었다. 그러나, 모두 세계적인 발명가로 성공했다.

우리 모두 발명가가 되자. 작더라도 유용하게 쓰이는 발명을 하는 사람이 진정한 발명가이다.

1997년 여름에
왕 연 중

차 례

제 2 부

발명가가 된 사람들 · 37

● ● ●

제 1 부
발명의 13대 원칙

1. 발명은 노력의 산물

　성공함에 있어서 학력이 과연 필요 충분조건이 될 수 있을까? 학력이 좋다면 남들보다 우월한 위치에서 출발할 수 있을지는 몰라도 그것이 곧 그대로 결승점까지 순탄하게 이어 진다고는 할 수 없을 것이다.

　낮은 학력으로 성공한 대표적인 사람은 에디슨, 와트, 패러디, 마쓰시타 등 수없이 많다. 이들은 모두 초등학교를 중퇴했으나, 에디슨은 세계적인 발명왕이 되었고, 와트는 산업혁명의 계기가 된 증기기관을 개량하였고, 패러디는 전화 시대를 크게 앞당긴 전자 유도 현상을 발견했으며, 마쓰시타는 세계적 기업인 마쓰시타 그룹을 이루어 냈다.

　이들은 모자라는 학력과 전문지식을 스스로 터득했던 것이다. 에디슨은 수학자 앱톤과 기술자 오토, 그리고 변리사 롤리 등을 고용하여 자신의 부족한 지식을 해결하였고, 패러디는 데이비 박사의 조수를 자청하여 전문지식을 익혔다. 또 마쓰시타와 와트는 독학으로 전문지식을 깨우쳤다.

　한편, 자기 분야와 무관한 발명을 한 경우도 수없이 많다. 전화기를 발명한 벨은 농아학교 교사였고, 안전면도기의 '질레트'는 병뚜껑 상인이었으며, 샌드위치를 발명한 사람은 백작이었다.

자기 분야와 무관한 발명을 한 경우는 우리 나라에서도 얼마든지 볼 수 있다. 자동차의 전조등을 발명한 '저 강은 알고 있다'의 영화감독 ㅇ씨를 비롯하여 비즈니스맨이면서 세계 최초로 인초인형을 발명한 ㄱ씨, 건축사이면서 아이디 텐트를 발명한 ㄱ씨, 육군 장교이면서 아크릴 무늬 전사 방법을 발명한 ㅊ씨 등이다.

자기 분야가 아니라고 포기하는 것은 금물이다. 자기 분야와 무관한 분야에 도전하는 용기, 모자라는 학력과 지식을 스스로 극복할 수 있는 힘은 끈질긴 노력에서만이 비롯되는 것이다.

1. 발명은 노력의 산물

2. 모든 발명의 주변을 살펴보자

"발명되어야 할 것은 모두 발명되었다. 이제 더 이상 발명할 것은 아무것도 없다."

약 100년 전, 미국의 특허 국장은 사임과 함께 발명 시대의 끝을 예고했다 한다. 지금 생각해 보면 우습기 짝이 없는 일이다. 100년 전이라면 지금과 비교해서 기술적으로 많이 낙후된 때일 텐데 어떻게 그런 예언을 하게 됐을까?

그것은 아마도 발명이 또 다른 발명을 낳는다는 진리를 그가 잘 몰랐던 때문일 것이다.

모든 발명 역사를 되짚어 봤을 때, 한 사람만의 힘으로 발명이 완성된 적이 단 한 번이라도 있었던가? 어떤 연구이든지 이전의 사람들이 이미 발견하고 발명해 놓았던 것들을 토대로 이루어졌다.

혹시 이 말에 반박할 사람이 있을지도 모르겠다.

"에디슨의 전구는 완벽한 그의 발명품이 아닌가? 그 이전에 누가 그런 생각을 했는가?"

몹시 열을 내며 이렇게 말할 사람도 있을 것이다. 과연 그럴까? 에디슨의 전구는 에디슨 혼자 만들어 낸 것일까? 그럼 전구에 쓰인 유리도 에디슨이 만든 건가? 빛에 대한

연구, 전기에 대한 연구도 모두 에디슨 스스로 한 것인가? 결코 그렇지 않다는 것을 스스로 잘 알고 있을 것이다.

모든 것은 이와 마찬가지이다. 여러 기본적인 사실들이 재료가 되어 하나의 발명품으로 다시 만들어지는 것이다. 이러한 움직임에는 끝이 없다. ㄱ의 재료가 되었던 것이 ㄴ의 재료가 되고 다시 ㄴ은 ㄷ과 ㄹ의 새로운 바탕이 되는 것이다.

이 때문에 우선 주어진 지식들에 대한 끊임없는 연구가 필요하다. 이것은 책이라는 좋은 매체를 통해 이루어질 수 있다. 책을 통해 선조의 업적을 재발견하여 자신의 것으로 소화하라. 그러면 거기에 다른 것이 더해져서 전혀 새로운 발명품으로 탄생될 것이다.

2. 모든 발명의 주변을 살펴보자

　100년 전에 그러했듯이 지금도 여전히 세상은 알 수 없는 것으로 가득 차 있다. 모든 것이 가능성인 것이다.

3. 기록 없이 발명 없다

　인간은 망각의 동물이다. 아무리 나쁘고 슬픈 기억이라 할지라도 시간이 흐르면 모두 잊는다. 시간이 약이라는 말도 있듯이 인간에게 망각이란 정말 필요한 것 중의 하나이다.

　그러나 순간순간 떠오르는 아이디어를 보존하고자 하는 사람들에겐 망각은 독소와 같은 것이다. 등교길의 버스 안에서 아주 기발한 생각을 했으나 학교에 도착하면 도무지 떠올릴 수가 없다. 벌써 몇 분 사이에 이미 그 생각은 망각의 강을 건너버린 것이다.

　망각의 예방책은 없다. 그저 아이디어가 떠오를 때마다 그때 그때 기록하는 수밖에 없다. 실제로 역사적으로 유명한 발명가나 정치가, 음악가 등은 모두 기록광이었다고 한다.

　링컨은 모자 속에 종이와 연필을 넣어 두고 언제든지 꺼내어 기록할 수 있게 했고, 이 메모를 통해 자신의 정치관을 완성해 나아갔다. 슈베르트는 손닿는 곳이면 어디든지 악보를 그려 넣었다. 어느 때는 식당의 식단표가 악보가 되기도 하였고, 심지어는 잠시 서 있는 마차의 뒤에까지 악보를 그렸다고 한다. 이 덕분에 그는 일생을 통하여 끊임없이 주옥 같은 음악들을 작곡할 수 있었다.

ㅂ씨는 항상 백지를 지니고 다니다가 자신의 생각과 관련이 있는 모든 것을 기록하는 습관을 가지고 있었다. 언제인가 그가 야광 제품에 흥미를 갖게 된 적이 있었는데 활용품이 쉽게 떠오르지 않았다. 그래서 그는 집과 회사를 오가며 생각하는 말들을 무심코 적어 보았다.

"지하실, 밤, 비, 물, 목마름, 물잔……."

메모를 하나하나 주의 깊게 읽어 나가던 그는 갑자기 손뼉을 쳤다.

“바로 그거야. 밤에도 보이는 야광 물잔!”

이렇게 해서 그의 연상 기록은 하나의 아이디어 상품으로 이어졌다.

4. 시간은 돈이다

저자가 살아오는 동안 “시간은 돈이다”라고 가르쳐 준 사람은 수없이 많았다. 그러나, 시간을 돈으로 바꾸는 구체적인 방법을 가르쳐 준 사람은 한 사람도 없었다.

따라서 이 사회에는 시간만을 가진 가난한 사람이 너무나 많고, 그들 대부분은 남아 돌아가는 시간을 어떻게 보내야 할지 주체를 못하고 있는 형편이다. 결국 시간을 돈으로 바꾸는 방법은 스스로 찾아야 한다.

한 예로, 일본의 ㅅ부인은 외아들이 입원하여 그 간호를 하고 있었다. 바쁠 때는 정신이 하나도 없지만, 의외로 한가로운 시간이 많았다.

그녀는 이 한가로운 시간을 낭비하지 않고 뭔가 뜻 깊은 일을 하고 싶었다. 그러던 어느 날, 옆자리의 환자가 읽고 있던 〈아이디어 발상법〉이라는 책을 보게 되었다. 그 책에는 갖가지 기발한 착상으로 성공하게 된 발명가들의 사례가 소개되어 있었다. 그녀는 여기서 큰 감명을 받았다. 그

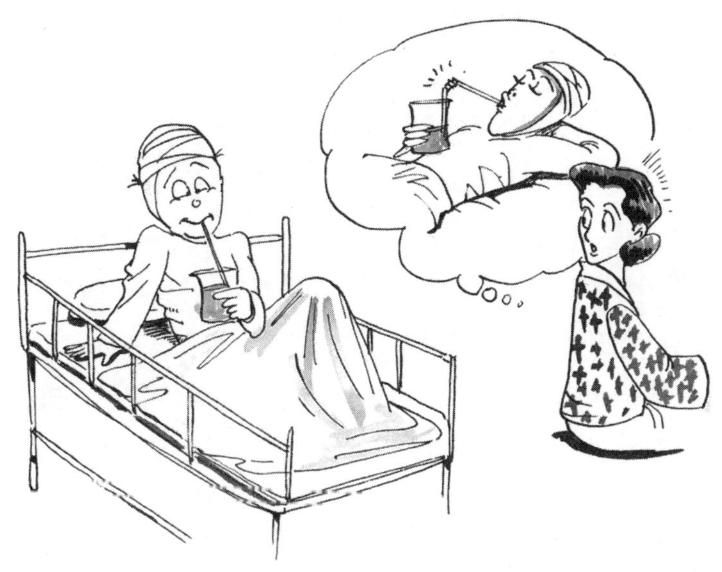

후, 그녀의 여가 시간은 효과적인 간호를 하기 위한 고안의 시간으로 바뀌게 되었다. 매일 되풀이되던 일상적인 일을 발명으로 연결시켜 좀더 편리한 방법을 생각해낸 것이다.

어느 날, ㅅ부인은 환자가 어렵게 일어나서 빨대로 우유를 먹는 모습을 보게 되었다.

'누운 채로 마시면 편할 텐데……. 좋은 방법이 없을까?'

ㅅ부인은 이 문제를 해결하기 위해 연구에 연구를 거듭하였다. 빨대를 구부리면 된다는 생각으로 고무관을 사용해 보았으나 고무 냄새와 위생 문제 등 결점이 드러나 다시 고민에 빠졌다. 그러던 어느 날 그녀는 우연히 수도에 달려 있는 주름진 호스를 발견하게 되었다.

‘그래, 빨대 중간에 호스처럼 주름을 만들면 자유롭게 구부릴 수 있어.’

그녀는 자신의 고안을 그림으로 그려 변리사를 찾아갔다. 그 곳에서는 이것을 특허청에 출원해 줌과 동시에 권리를 양도하는 방법도 지도해 주었다. 덕분에 ㅅ부인은 로열티(특허권 사용료)를 받게 되었고, 완쾌된 아들과 행복한 생활을 할 수도 있게 되었다.

시간을 어떻게 보내느냐에 자신의 성공 여부가 있음을 명심하도록 하자.

5. 역경 없이 창조 없다

세상에 역경을 딛고 일어선 기쁨보다 큰 기쁨은 없다고 한다. 역경이 있기에 창조도 있는 것이다. 역경을 딛고 일어서는 데 창조보다 큰 힘도 없다.

발명가들의 의견을 종합해 보면 역경의 소산인 슬픔이나 미움까지도 발명을 낳게 되는 동기가 된다는 것이다. 학자들은 야망을 갖고 있는 사람들만이 발명을 할 수 있다고 강조한다. 그런데 이 야망은 모든 것이 풍족한 사람보다 가난과 역경에 처해진 사람들이 갖게 되기 쉽다.

힘이 들면 들수록 그 역경을 극복하려는 의지가 강해지고,

그런 의지는 곧 성공하려는 야망을 불러일으키기 때문이다.

고무 발명가는 빚에 쫓겼고, 진주 양식을 생각해 낸 사람은 이혼까지 한 가난한 생활을 했으며, 안전 면도기 발명가 또한 힘든 영업사원을 하면서 도리어 발명에 대한 야망을 불태웠던 것이다.

뿐만이 아니다. 대정치가와 대실업가도 대부분이 젊었을 때 수많은 역경에 부딪쳤으며, 그 역경을 이겨낸 것은 역경이 창의력과 연구심을 낳게 하고, 노력과 인내력을 길러 주었기 때문이다. 한 마디로 역경은 사람을 창조적 사고로 몰아가는 힘이 있는 것이다.

그러나 창조적 사고는 꾸준히 지속될 때만이 그 진가를 발휘한다는 사실을 알아야 한다. 그런데 대부분의 발명가들

5. 역경 없이 창조없다

이 가난할 때엔 그것을 극복하기 위하여 열심히 발명에 몰두하지만 돈을 많이 벌게 되면 발명과는 무관한 사람이 되어 버리는 경우가 있다. 저자가 아는 발명가 중에도 이런 사람이 상당수가 있다.

이런 사람들은 결국 기업이 부도가 나서야 정신을 차리고 또 다시 발명을 시작하곤 하였다. 그러나 재기한 사람을 보지 못했다. 이 때문에 어떤 학자는 이런 말을 하기도 했다.

"창의는 가난했을 때는 친구였지만, 부자가 되면 떠난다."

이 말을 부정할 수 있는 사람은 많지 않다.

따라서 부자가 되어서도 발명을 계속하지 않으면 더 이상의 성공은 기대할 수 없는 것이다.

그러나 역경이 곧 성공의 지름길은 아니다. 이 역경은 어디까지나 발명에 있어서 동기 역할을 할 뿐인 것이다. 역경을 슬기롭게 극복하여 성공의 계기로 삼는 지혜가 필요하다.

6. 발명은 지능과 경험이 만든다

발명은 지능과 경험이 만들고, 지능과 경험은 훈련이 만든다고 한다. 단지 의욕만 지닌 사람은 발명에 성공할 수 없는 것이다.

아무리 간단한 발명이라 할지라도 많은 지식과 경험이필

요하다. 물리나 화학에 대한 기본 상식을 갖고 있어야 하는 것은 물론이고, 이를 적용하고 응용하는 힘까지 있어야 한다. 이 밖에도 기계나 전기 등 공학상의 지식도 필요하고, 발명 아이디어를 실제 물품으로 만들 수 있는 창작력도 지니고 있어야 한다.

그런데 특히 창작력이 우리 나라 사람에게는 많이 부족한 편이다. 이 원인은 열악한 교육 환경에서나 우리의 인식 부족에서도 찾을 수 있겠지만 무엇보다 아이를 가르치는 부모의 탓이 큰 것 같다.

아이들은 장난감을 어느 정도 갖고 놀고 나면 대부분 이를 분해하려 하는 습성을 가진다. 이는 본능에 가까운 행위인데 이런 행동을 통해 장난감의 원리나 구조 등을 알게 모르게 익히게 된다. 즉 하나의 중요한 교육과정인 것이다.

그런데 아쉽게도 우리의 부모는 이에 대한 인식이 매우 부족하다. 그래서 장난감을 뜯어내는 아이를 보면 마구 꾸짖고 만다. 아이에게서 장난감을 빼앗고, 큰 소리로 화를 내고, 심지어는 때리기도 한다. 결국 아이에게서 하나의 교육과정을 빼앗아 버리는 셈이 된다.

이에 반해 선진국의 부모들은 장난감 분해에 오히려 적극적이다. 아이와 같이 장난감을 분해하고 다시 조립하는 과정까지 아이가 도달할 수 있도록 도와준다. 바로 이 때문에 선진국에 비해 우리가 기계에 대한 지식이 떨어지는 것이다.

언필칭, 지능과 경험은 그냥 얻어지는 것이 아니라 끊임없는 훈련의 결과로 획득할 수 있는 것이다. 어릴 때부터 기계에 대한 관심을 살릴 수 있도록 도와주고 이에 대한 기회를 많이 마련해 준다면 우리 나라에서도 많은 발명가가 탄생될 수 있을 것이다.

7. 색채를 이용하라

색채가 사람에게 미치는 영향은 실로 대단하여 신제품 개발의 성공을 좌우하기도 한다. 실례를 들어 보자.

　　팬티 하면 사람들은 흰색을 생각했지만, ㄹ씨는 여성용 핑크색 팬티를 만들어 크게 히트하였다. 이에 자신을 얻어 빨강색 팬티를 만들었는데 역시 히트했다. 여성에게는 흰색 팬티보다 색깔 있는 팬티가 더 잘 팔린다는 사실을 확인한 ㄹ씨는 무지갯빛 7가지 색깔의 팬티를 한 세트로 하여 생산한 결과, 유명 업체의 사장이 되었다.

　　이 소문을 전해들은 ㅁ씨는 여성용 구두의 색깔을 다양하게 생산하여 역시 히트하였다. 구두도 처음 생산할 때는 대부분 검정색이었다. 그런데 ㅁ씨는 흰색, 빨강색, 노랑색, 파란색 등 다양한 색깔의 구두를 생산하여 경쟁업자들을 제치고 구두업계의 제1인자로 성공했다.

7. 색채를 이용하라

이 때부터 모든 제품은 다양한 색깔로 바뀌었다. 색깔이 제품 판매를 좌우하는 것은 충분한 이유가 있다.

파란색 계통은 마음을 안정시키고 시원한 느낌을 주며, 빨간색 계통은 사람의 마음을 끄는 한편 따뜻한 느낌을 준다. 또 핑크색은 식욕을 돋우고, 보라색은 잠이 잘 오게 하는 등 저마다 특징을 가지고 있다.

이뿐만 아니라 색깔은 크기에도 영향을 미친다.

$10m^2$의 방을 빨간색 벽지로 도배하고 열 사람에게 물어본 결과 모두 $12m^2$쯤 되어 보인다고 했다. 이어 벽지를 파란색으로 바꾸자, 이번에는 한결같이 $8m^2$쯤 되어 보인다고 대답하였다.

이같이 색깔은 실물보다 크게 또는 작게 보일 수 있게 하여 판매 전략상 매우 중요하다. "같은 값이면 다홍치마"라는 속담도 있다. 색깔을 용도에 맞게 또는 미적 감각에 맞게 선택해야 신제품 개발에도 성공할 수 있음을 명심해야겠다.

8. 발명에도 얼굴이 있다

발명에도 얼굴이 있다. 이는 세 가지로 분류되는데, 이것을 발명의 종류라고 한다.

첫번째 얼굴은 '착상 발명'이다. 착상 발명품으로는 십(十)

자 드라이버, 철조망, 코카콜라병, 지우개가 딸린 연필, 주전자 뚜껑의 삼각 구멍, 세탁기의 실밥 제거구 등 간단한 아이디어에 의한 것들을 들 수 있다. 이와 같은 착상 발명은 구조가 매우 단순하기 때문에 초보자의 영역으로서 다루기 쉬울 뿐만 아니라 제조 공정도 간단하기 때문에 상품화도 쉽다.

두 번째 얼굴은 '과학적 발명'이다. 과학적 발명은 과학의 원리를 교묘하게 응용한다든지, 복잡한 메커니즘을 조합한 것이다. 과학적 발명으로는 컴퓨터, 로봇, 모터, 냉각장치 등 첨단 기술 제품으로 상당한 수련과 전문지식이 필요하다. 최근 기업에서 설치한, 고도의 시설을 갖춘 연구소에서의 기술개발이 곧 과학적 발명이다.

세 번째 얼굴은 '응용 발명'이다. 응용 발명은 어떤 제품 또는 부품을 다른 제품에 응용하는 것을 말한다. 따라서 과학적인 발명보다는 한 단계 낮은 발명으로 약간의 수련과 전문지식이 있으면 가능하다.

예를 들면 팽창률이 다른 두 개의 금속판을 결합하여 만든 자동 온도 조절 장치 바이메탈, 카메라와 현상 기구를 결합한 폴라로이드 카메라, 손목 시계에 캘린더를 결합한 시계 겸용 캘린더 등이 응용 발명이다. 따라서 착상 발명이 초보자의 영역이고, 과학적 발명이 과학자들의 영역이라면, 응용 발명은 초보자와 과학자의 공동 영역이라고 할 수 있다.

위에서 설명한 발명의 세 얼굴 중 어떤 얼굴을 선택하느냐는 선택하는 사람의 경험과 지식 그리고 지혜에 따라 달라질 수 있다. 착상 발명이 초보자의 영역이라 해서 무리하게 과학적 발명에 도전하는 것은 금물이다. 착상 발명이냐, 과학적 발명이냐, 응용 발명이냐가 중요한 것이 아니라 얼마나 실용적인 발명을 했느냐가 중요한 것이다.

9. 발명에도 단계가 있다

발명에도 단계가 있다. 이는 3단계로 분류되는데, 그 첫 단계는 '비분할 결합'이다. 이것은 어떤 물건을 분할하지 않고 그대로 다른 용도로 사용하든가 다른 물건과 결합시켜서 두 가지 이상의 용도를 갖게 하는 것을 말한다.

　　연필에 지우개를 붙여 만든 지우개가 딸린 연필, 시계에 라디오를 더해 만든 시계 겸용 라디오 등 일종의 더하기 발명이 그 좋은 예이다. 발명을 처음 시작할 때 이 기법을 이용하면 실용신안이나 의장 출원 수준은 어렵지 않게 해낼 수 있을 것이다.

　　다음 단계는 '분할 결합'이다. 이것은 어떤 물건을 분해한 다음, 그 분해된 부품을 다르게 결합하거나, 다른 물건의 부품을 추가 결합하여 새로운 용도를 갖게 하는 것이다. 4칸 회전 도어를 분해하여 3칸 회전 도어로 다시 결합한 것과 냉장고를 분해한 다음 냉동 기능을 추가하여 결합한 것이 그 좋은 예이다. 이 기법을 이용하면 특허출원을 위한 고도 기술의 발명도 해낼 수 있을 것이다. 따라서 기업의 신제품 개발에 많이 이용되고 있다.

　　다음 단계는 '비약 결합'이다. 글자 그대로 비약적인 고도의 단계이다. 즉, 현재 가지고 있는 어떤 물건으로부터 고정관념을 탈피하여 획기적인 기능을 창출해 내는 것이다. 이를 위해서는 획기적인 기능과 원리의 결합이 뒤따라야 한다. 트랜지스터를 반도체로 발전시킨 것과 수동을 자동으로 개선한 것이 그 좋은 예이다.

　　지금까지 설명한 3단계는 누가 만들었는지 지금까지 알

려지지 않고 있으나 미국과 일본 등 선진국에서는 물론 많은 나라의 발명가들이 이 기법을 중요시하고 있다. 우리 나라도 예외는 아니다. 이 세 가지 기법은 단독으로 이용하는 것이 아니라 뒤섞여 이용되고 있으므로 어느 기법이 특히 뛰어나다고 결론지을 수도 없다.

10. 사고에도 방법이 있다

발명을 하는 데는 세 가지 사고 방법이 있다.

첫번째는 수직적인 사고 방법으로, 사물을 보고 생각하

는 데 있어서 지극히 이론적이고 체계적인 사고를 말한다. 논리학이나 수학을 대표로 하는 이 수직적 사고는 어떤 목표를 가지고 추진할 때 체계적으로 추진할 수 있어 효과적이다.

두 번째는 수평적 사고 방법으로, 전통적인 고정관념을 탈피하여 사고의 중심을 수평으로 이동시키는 유연하고 함축성있는 사고 방법이다. 이 사고의 테크닉은 하나의 사물을 관찰할 때 여러 방법으로 관찰하는 것이며, 뻔한 아이디어일지라도 뒤집어 보고, 엎어서 보고, 거꾸로 하여 보고, 역전시켜 보는 것이다. 이 사고 방법은 아이디어 개발 방법에서 매우 중요한 사고 방법이다. 학교에서 가르치는 것들은 수직적 논리성을 강조한 것이지만 실제 문제의 해결이나 발명에 있어서는 수직적 논리를 떠나 수평적 유연성을 가질 필요가 있다.

세 번째는 입체적 사고 방법으로 발명이론가 김관형씨가 제안했다. 이는 전통적인 논리성을 강조하는 수직적 사고와 사고의 중심을 수평적으로 이동하며 다각적으로 생각하는 수평적 사고를 결합한 것으로 한정적 사고 방법이라고도 한다.

예를 들어 다음과 같은 경우를 생각해 보자. 학생용 필통을 만든다고 하자. 이 때 수직적 사고를 적용한다면 오래 쓸 수 있는 견고한 필통을 만들 것이다. 그런데 수요가 감소한다면 견고한 필통을 만드는 대신 수평적 사고를 적용하여 모양이 다르고 아름답거나 기능이 추가되어 다용도로 쓸 수 있는 필통을 만들 수 있을 것이다.

또한 이 때 입체적 사고를 적용한다면, 먼저 수평적 사고를 적용하여 몇 가지 대안을 개발하고, 각각의 대안에 대하여 수직적 사고를 적용하여 장·단기적 효과를 검토하게 될 것이다. 입체적 사고 방법을 한정적 사고 방법이라고도 하는 이유가 여기에 있다.

11. 브레인스토밍을 활용하자

브레인스토밍을 제창한 사람은 미국 버펄로대학의 부학장이었던 '알렉스 F. 오스본' 박사이다. 1941년에 벌써 브레인스토밍을 제창한 오스본은 아이디어를 만들어 내는 방법의 창조자라고 해도 좋을 만큼 세계적인 인물이다.

브레인스토밍이란 한 마디로 아이디어를 내는 회의이다. 참석 인원은 10명 내외가 가장 좋다고 하나 4~5명도 가능하고, 50~60명도 가능하다.

그런데 이 회의에는 엄격한 규칙이 있으므로 그 규칙을 꼭 지켜야 한다.

첫번째 규칙은 '비판 엄금'이다. 제출된 하나의 문제에 관하여 모두가 각자 생각나는 대로 아이디어를 내지만, 그 중에는 시시하거나 때로는 유치한 아이디어도 있다. 그러나 이런 것들을 비판해서는 안 된다는 말이다.

두 번째 규칙은 '자유분방한 분위기'이다. 정신적인 모든 억압과 속박을 벗어버리고 완전히 자유스런 마음과 최대의 허용적인 분위기 안에서 종횡무진으로 사고력을 구사함으로써 사고의 폭을 넓히기 위한 것이다. 자유분방하게 발표를 하다 보면 뇌가 강하게 자극되어 영감이 떠오르게 된다.

　세 번째 규칙은 '질보다 양을 구함'이다. 아이디어는 좋은 것만 내보자고 잔뜩 도사리고 있으면 오히려 나오지 않는다. 발표되는 아이디어의 질을 따지지 않고 많은 양의 아이디어를 내다보면 자연적으로 비약적인 좋은 아이디어가 태어난다.
　네 번째 규칙은 '결합 개선'이다. 이것은 남의 여러 가지 아이디어를 받아들여서 좋은 점을 결합시켜 자기의 아이디어로 발표하는 것이다. 이것은 창조 아이디어 활동에서 중요한 종합 연습으로서, 어느 정도 높은 차원의 '분할 결합'으로의 단계이기도 하다. 이상과 같은 규칙을 지키는 가운데 사회자가 능숙하게 회의를 이끌어 간다면 수많은 좋은 아이디어가 발표될 것이다.

12. 개인으로 생각하는 방법도 있다

발명에 대한 아이디어를 생각할 때는 혼자서 하는 경우와 집단으로 모여서 하는 경우가 있다. 물론 집단으로 모이면 그만큼 많은 아이디어가 나오겠지만, 어차피 그 집단도 개인의 모임이기 때문에 개인마다 독창적이면 더욱 효과적이다. 따라서 평소에 혼자서 아이디어를 생각하는 습관을 가져야 한다.

우선, 기본적인 태도로서 익혀 두어야 할 네 가지가 있다.

첫째는 '우선 시작부터 할 것'이다. 항시 '시작이 반'이라는 격언을 명심해야 한다. 둘째는 '기록할 것'이다. 아이디어는 생각날 때 기록해 두지 않으면 사라져 버린다. 셋째는 '스스로 결정하고 판단할 것'이다. 넷째는 '가장 좋은 장소를 선택할 것'이다. 사람에 따라 생각하기 좋은 장소가 있다.

발명의 개인 기법으로는 5W1H라는 체크리스트 법과 MIT의 체크리스트 법이 대표적인 것으로 손꼽히고 있다.

5W1H란 what(무엇을 할 것인가?), why(왜 그것이 필요한가?), where(어디서 그것을 할 것인가?), when(언제 그것을 할 것인가?), who(누가 그것을 할 것인가?), How(어떻게 그것을 할 것인가?)이다.

　　이와 같은 기준에 따라서 생각해 가면 생각의 누락이 없어진다. MIT체크리스트는 발명품의 생산을 생각할 경우에 꼭 필요한 것으로 기능의 증가, 성능의 향상, 생산비의 절감, 판매 매력의 증가를 말한다.

　　이 네 가지는 발명품의 생산시 어느 한 분야에만 집착하여 다른 분야를 소홀히 하는 결함을 예방하고자 하는 데 목적이 있다. 이상, 앞에서 언급한 바를 유의하여 발명에 임하게 되면 혼자서도 얼마든지 조화를 이룬 발명품을 생산할 수 있을 것이다.

13. 출원을 서둘러라

발명이 완성되면 하루 빨리 특허청에 출원하여 권리를 인정받는 것이 중요하다. 아무리 우수한 발명을 했어도 출원하지 않으면 권리가 주어지지 않는다. 동일한 발명 고안이 다른 사람에 의하여 출원되는 경우 빨리 출원한 사람에게 특허나 실용신안 등록이 인정된다. 이것이 선출원주의이다.

가령 ㄱ이라는 사람이 먼저 발명을 했녀라도 출원을 안하고 있는 사이에 ㄴ이라는 사람이 똑같은 발명을 완성하여 먼저 출원하면 발명은 ㄱ보다 늦게 했어도 먼저 출원한 ㄴ이 권리를 갖제 되어 ㄴ의 발명만 보호를 받게 된다.

이에 대한 유명한 독일의 사례를 하나 소개하겠다. 19세기 후반 독일은 유럽에 있어서 한낱 농업국에 지나지 않았다. 실업자는 날로 늘어가는 상황에서 한 남루한 차림의 중년 남자가 '애니링소다회사'를 찾아와 사장과의 면담을 청했다.

"사장님, 이 회사는 곤경에 빠졌습니다. 해결할 사람은 저뿐입니다. 저를 채용해 주십시오."

"곤경이라니? 무슨 말도 안되는 소리요?"

사장은 버럭 화를 냈다.

"사장님, 지금 이 회사는 극비리에 합성 염료 생산을 준

비하고 있지요? 지금 영국의 파킹 박사가 이와 같은 것을
개발하여 출원 준비를 하고 있습니다. 이 작은 회사가 영국
을 상대로 어떻게 싸울 수 있겠습니까?"

"좋소. 당신을 채용하겠소. 방법을 말해 보시오."

"간단합니다. 그들보다 먼저 영국의 특허청에 특허출원
을 하는 겁니다."

이렇게 하여 이 회사는 영국 특허청으로부터 제1936호
의 특허권을 받았다. 이것은 파킹 박사의 출원보다 하루가
빠른 것이었다. 이 일은 세계 발명사에 가장 유명한 '특허
가 기술을 지배한 특허 전쟁'의 기록에 남은 뒷 이야기인데,
우리 나라에서도 이 같은 사례는 수없이 많다.

제 2 부
발명가가 된 사람들

대장간의 양반집 소년

- 최무선[1]의 화약 -

I

고려말에 태어나 조선조 초기까지 살면서 우리 나라 최초의 화약과 화통을 발명하여 외적을 무찌르고 국방을 튼튼히 하는 데 큰 업적을 남긴 최무선.

광흥창사(관리들의 봉급을 주고 관리하는 관청의 장)라는 높은 벼슬을 하는 양반집의 귀한 아들로 태어나 일생을 천한 장인들이나 해야 했던 화약과 화통 발명에 바친 그의 삶을 살펴보고 있노라면 마치 한편의 소설을 읽고 있는 듯한 착각을 일으키게 한다.

실화라 하기에는 너무 믿어지지 않기 때문이다. 그러나

---

1) 고려 말기의 장군(?~1395). 원나라 사람에게 화약 제조법을 배워 화약, 화통, 화포 등을 만들어 왜구를 격파하였음.

이것은 틀림없는 실화이고, 그 때문에 오늘을 사는 우리들에게 주는 교훈 또한 크다고 할 수 있다.

사람은 누구나 새로운 일, 특히 발명에 몰두하다 보면 반드시 어떤 단계에서 역경에 부딪치게 된다.

그 역경을 극복하지 못하고 도중에서 포기해 버리면 그 일은 그것으로 끝나 버린다. 이런 사람은 다른 어떤 일도 할 수 없다. 그러나 역경을 스스로 해결하려고 좌절하지 않고 노력하는 사람은 끝내는 역경을 뚫고 나아갈 수 있는 기발한 아이디어를 떠올리게 되고, 때로는 생각지도 않았던 기회가 찾아오기도 한다. 이는 동서고금을 통한 진리이기도 하다.

최무선의 발명도 이를 입증해 주고 있다.

II

무선이 화약에 관심을 갖기 시작한 것은 그의 나이 겨우 일곱 살이 되는 새해 첫날밤이었다.

당시 고려에는 해마다 설날 밤이 되면 궁궐에서 일년 동안 나라의 평안과 풍년을 기원하는 불꽃놀이를 하는 풍습이 있었다. 임금님을 비롯한 궁궐 안팎의 모든 백성들이 지켜보며 기원하는 가운데 화약을 하늘 높이 쏘아 올리는 이 불꽃놀이를 구경하는 일로 고려의 한 해는 시작되었다.

무선도 이 불꽃놀이를 구경하기 위해 어머니와 함께 한 시간 전부터 기다리고 있었다. 아직 차가운 겨울인데도 궁궐 안팎은 인산인해를 이루고 있었다.

"따다다다…… 따다다다……."

드디어 기다리던 불꽃놀이가 시작되었다. 요란스런 폭음과 함께 깜깜한 밤하늘에 찬란한 불꽃이 펼쳐지는 모습은 여간 신기한 것이 아니었다.

"와! 와! 와……."

궁궐 안팎은 온통 구경꾼들의 환호로 떠나갈 듯 요란했다. 특히 나이 어린 소년들은 너무 신기한 듯 펄쩍펄쩍 뛰

고, 뒹굴면서 즐거워하였다.

그러나 무선은 달랐다. 그는 처음에는 신기한 듯 손뼉을 치며 즐거워했으나 시간이 흐르면서 말 한 마디 하지 않고 무엇인가 골똘히 생각하며 바위처럼 꼼짝도 않고 서 있었다.

밤이 깊어 불꽃놀이가 모두 끝나고 구경하던 사람들이 모두 돌아가는데도 그는 움직일 줄을 몰랐다.

"무선아, 그만 돌아가자."

어머니의 손에 이끌려 집으로 돌아온 그는 곧장 아버지를 찾았다.

"아버지, 불꽃놀이는 무엇으로 하기에 그처럼 신기하고 아름답지요?"

"화약으로 한다더구나."

"그럼, 화약은 무엇으로 만들어요?"

"그건 알아 뭘해? 어서 건너가 책이나 읽으려므나."

"아버지, 가르쳐 주세요. 네?"

무슨 일이든 한번 의문을 가지면 끈질기게 붙들고 늘어지는 무선의 성격을 잘 알고 있는 아버지는 난처한 표정으로 어린 무선을 바라보았다.

"화약을 무엇으로 만드는지는 중국 사람만이 알고 있단다. 그래서 오늘 밤에 쓴 화약도 중국에서 비싼 값에 사온 거란다."

“우리도 중국 사람에게 화약 만드는 방법을 배워 만들면 되잖아요?”

“화약 만드는 방법은 워낙 큰 비밀이라서 가르쳐 주지 않는다더구나.”

“무엇 때문에 비밀이에요?”

“원, 녀석도! 그래 말해 주지. 화약은 불꽃놀이에 사용하면 신기하고 아름답지만, 전쟁에서는 가장 무서운 무기로 쓰이기 때문이란다.”

무선은 그 때서야 의문이 풀린 듯 아버지의 방에서 물러 나왔다. 그러나 그 때 이미 어린 소년 무선은 화약을 스스로 발명할 것을 결심하고 있었다.

어느덧, 무선의 나이 열 살.

그는 서당에서 돌아오기가 무섭게 훈장이 내 준 숙제와 예습 복습을 마치고 대장간으로 달려갔다. 무슨 물건이든 뜯어 보고, 만들어 보고 싶어하는 성격 때문이었다.

그는 대장장이들이 쇠붙이에 불을 달궈 두들겨서 호미와 낫 등 각종 농기구들을 만드는 것을 매일같이 신기한 눈으로 지켜보았다.

‘왜 쇠붙이를 불에 달궈 두들길까?’

무선은 대장장이들이 땀을 뻘뻘 흘리면서 쇠붙이를 불에 달구는 이유가 몹시 궁금하였다. 또 불에 달구지 않고 두들기면 한결 땀을 덜 흘리지 않을까 하는 생각도 해보았다. 여기에 이른 그는 대뜸 대장간 안으로 들어섰다.

"아니, 귀하신 도련님께서 어인 일로 이런 천한 곳엘
다……?"

대장장이들은 양반댁 아들의 갑작스런 출현에 고개를
조아리며 몸둘 바를 몰라하였다.

"여보게들, 이렇게 땀을 뻘뻘 흘리면서 무엇 때문에 쇠
붙이를 불에 달궈 두들기나?"

"도련님께서는 몰라도 되는 일이옵니다. 어서 돌아가시
지요."

"어허, 묻는 말에 대답이나 하게."

"예, 그것은……."

"그것은?"

대장장이들은 무선이 큰 소리로 되묻자 그 때서야 쇠는
불에 달궈야 연해져서 일하기가 쉽다는 등 그 이유를 상세
하게 설명하였다.

"그래, 그랬었구먼. 어디 그럼 나도 한번 해보세나."

"아니 되옵니다. 도련님께서 이런 일을 하셨다는 소문
이 나면 저희 천한 것들은 살아 남을 길이 없사옵니다."

"그게 무슨 말인가? 공자님께서도 노동은 신성한 것이
라 말씀하셨네. 꼭, 한 번만 해보도록 해주게. 어서!"

대장장이들은 어쩔 도리가 없다는 듯 무선에게 쇠망치
를 건네 주었다. 그리고 집게로 벌겋게 달군 쇠붙이를 집어

철판 위에 올려놓고 무선에게 두들겨야 할 곳을 일일이 가르쳐 주었다.

"땅! 땅! 땅······."

무선이 얼마 동안 두들긴 쇠붙이는 마침내 예쁜 호미로 변해 있었다.

"도련님, 됐사옵니다."

"그래, 고맙네."

무선은 동전 몇 닢을 대장장이들에게 건네 주고 마치 전쟁에서 이기고 개선하는 장군처럼 돌아왔다.

무선이 대장간을 찾는 것은 한 달이 넘도록 계속되었다. 어느 사이 그는 훌륭한 대장장이 솜씨를 가지기에 이르렀다.

이 사실이 알려져 그는 어머니로부터 호된 꾸중을 듣기도 했다. 종아리에서 피가 나도록 회초리를 맞기도 하였다. 그러나 그의 그런 성격과 생활은 조금도 변함이 없었다.

어머니로서도 어쩔 도리가 없었다. 대장간을 드나드는 것을 제외하고는 선비로서 자세에 흐트러짐이 없고, 글공부 또한 같은 또래의 아이들보다 월등하게 앞서가기 때문이었다.

무선은 틈나는 대로 병서를 읽는가 하면 중국말까지 익혔다. 중국 사람만이 알고 있다는 화약 만드는 방법을 배우기 위해서는 중국말은 꼭 할 줄 알아야 하며, 병법 또한 화약을 만들기 위해서는 필수적인 지식이라고 믿고 있었다.

Ⅲ

의젓한 젊은이로 자란 무선은 병기감(무기를 만들고 관리하는 곳)의 관리가 되었다. 과거에 합격한 그는 화약 발명을 위해 스스로 이 곳의 관리를 자원했다.

그 무렵, 우리 나라의 남쪽인 전라도와 경상도는 왜구들의 침입으로 큰 피해를 입고 있었다.

'화약 발명을 서둘러야겠구나.'

일곱 살 적부터 결심한 그의 화약 발명을 위한 일은 이 때부터 본격화되었다. 그러나 그의 화약 발명은 처음부터 역경에 부딪쳤다.

중국에서 들여온 과학서들을 모조리 뒤졌지만 화약 만드는 방법은 단 한 줄도 찾아볼 수 없었다. '손자'라는 사람이 화약을 만들었고, 그것을 '제갈 양'이 전쟁에 사용하여 대승했다는 기록이 고작이었다. 그러나 이 정도의 역경에 포기할 무선이 아니었다. 그는 계속하여 중국의 각종 과학서들을 구입하여 연구를 거듭한 결과, 화약은 '염초+유황+숯가루'라는 비밀을 알아내는 데 성공했다.

그런데 또 문제가 발생했다. 유황과 숯가루는 쉽게 구할 수가 있었으나 염초를 구할 방법이 없었다. 중국의 과학서에는 '염초는 먼지흙 속의 성분'이라고만 적혀 있을 뿐 그것을 뽑아 내는 방법이 적혀 있지 않았다.

'어떻게 하나? 어떻게 하나?'

무선의 머릿속에는 온통 이 생각뿐이었다. 집에 돌아오기가 바쁘게 헛간에 꾸며 놓은 실험실에서 밤을 하얗게 세우며 연구를 계속했으나 번번이 실패였다.

바닷물을 끓여 소금을 만드는 것을 보고 먼지흙을 물에 풀어 가마솥에 넣고 끓여 보기를 수십 번이나 계속해 보았으나 이 또한 허사였다.

또 예성강 나루터에 나가 우리 나라(고려)를 찾아오는 모든 중국 사람들을 만나 물어 보았으나 이것 또한 허사였다. 그러나 무선의 연구는 계속되었다.

그러던 어느 날 무선에게 실로 반가운 소식이 전해졌다. 중국에서 화약과 화통을 만드는 '이원'이라는 학자가 우리 나라에 온다는 소식이었다.

'하늘이 내리신 절호의 기회다.'

무선은 뛸 듯이 기뻐하며 이원을 기다렸다.

며칠 후, 무선이 손꼽아 기다리던 이원이 드디어 예성강 나루터에 도착했다.

"이원 선생님이시지요? 인사 받으시지요."

"그대가 누구인데, 내 이름까지?"

"평소 존경하던 선생님을 뵙게 되어 영광입니다. 저는

고려국 병기감에서 일하는 최무선이라 하옵니다. 고려에 머무시는 동안 제가 모시겠습니다."

무선의 갑작스런 제의에 이원은 잠시 망설이는 듯 했으나, 잠시 후 무선의 예의 범절과 학식, 그리고 사람됨이 비범함을 알아차리고 무선의 제의를 받아들였다.

무선의 이원에 대한 대접은 실로 융숭했다. 낮이면 안내와 통역을 빈틈없이 해주고, 밤이면 후원 별당 정자에 귀빈으로 모셨다.

이렇게 며칠이 지나는 동안 두 사람은 형제처럼 친밀해졌고, 이원이 떠날 날이 내일로 다가왔다. 그 동안 화약에 대한 말을 한 마디도 안했던 무선은 이날 처음으로 화약에 대한 말을 하였다.

"선생님이 떠나시기 전에 제 소원을 하나만 들어 주셨으면 합니다만……."

"최공의 소원이라면 거절할 수가 없겠지요. 어서 말씀해 보시오."

얼큰하게 취한 이원은 호탕하게 웃으며 무선을 재촉하였다.

"고맙습니다. 제 소원은 화약 만드는 방법을 배우는 것이옵니다."

"예? 그건 나도 모르오."

이원은 순간 크게 당황해하며 한 마디로 거절해 버렸다.

"그러시다면 염초 만드는 방법만이라도 가르쳐 주십시오. 제 소원입니다."

무선은 그 동안 읽었던 수십 권의 중국 과학서를 이원에게 보여주며, 이 책들에 쓰여진 대로 수백 번의 실험을 했으나 모두 실패했다며 이원에게 매달렸다.

"이렇게 많은 우리 책을?"

무선이 읽은 중국의 과학서들을 보는 순간 이원은 깜짝 놀라며 무선의 두 손을 덥석 잡았다.

"최공의 노력에 머리가 숙여지오. 좋소. 내가 알고 있는 모든 것을 가르쳐 드리겠소."

"고맙습니다, 선생님."

"그 대신 조건이 있소. 화약 만드는 방법은 아버지와 아들 사이에도, 임금과 신하 사이에도 가르쳐 주지 않게 되어 있소. 내 최공에게 감동하여 가르쳐 드리니 이 비밀은 최공만 알고 계시오."

무선은 드디어 이원으로부터 염초는 물론 화약 만드는 방법을 알아내는 데 성공하였다. 그런데 막상 이원의 말을 듣고 보니 자신의 연구는 이미 완성 단계에 와 있음을 알았다.

IV

며칠 후, 드디어 무선은 중국의 화약보다도 성능이 뛰어난 화약을 발명하는 데 성공했다. 그 즉시 그는 성능 시험을 위해 깊은 산을 찾았다.

떨리는 손으로 화약심지에 불을 붙인 다음, 그는 멀리 떨어져서 가슴을 조이며 지켜보고 있었다. 다음 순간, "꽝!" 하는 폭음과 함께 근처에 있던 흙과 바위가 하늘 높이 튀어 올랐다.

성공이었다. 무선은 덩실덩실 춤을 추며 집으로 돌아와 또 다른 화약 하나를 가지고 궁궐을 찾았다. 그는 대감들에게 화약 발명을 알리고, 대량으로 생산할 수 있는 시설을 갖춰 줄 것을 부탁했다.

"중국에서나 만드는 화약을 그대가 어찌 만들어? 미친 소

꽝

리 말고 썩 물러가 병기감 일이나 잘 하게.”

대감들은 무선을 아예 미친 사람으로 취급하며 그의 말을 들으려고도 하지 않았다. 그러나 그는 조금도 실망하지 않고 화약 만드는 일에 열중하였다.

그런데 이 때 나라에 큰일이 생겼다. 전라도와 경상도에 침입하던 왜구들이 충청도와 경기도까지 침입한 것이었다. 그 때서야 대감들은 무선을 다시 불러들였다. 무선은 대감들과 함께 임금님 앞에 불려 나아갔다.

“그대가 화약을 만들 줄 안다고 하던데 사실이렷다?”

“그러하옵니다. 상감마마!”

무선은 준비해 간 화약을 내보이며 당장 시험해 볼 것을 제의하였다. 임금과 대감들이 지켜보는 가운데 실시된 시험도 성공이었다.

‘꽝!’하는 폭음과 함께 화약이 터진 자리에는 큰 웅덩이가 생길 정도로 흙과 바위가 하늘 높이 치솟았다.

“어허! 실로 엄청난 힘이로다. 서둘러 화통도감을 설치하라. 그 책임자에 최무선을 임명하노라.”

화통도감의 책임자라는 높은 벼슬에 오른 무선은 계속 연구에 몰두하여 훗날 ‘화통’이라는 새로운 화포도 발명했다.

일생을 화약과 화통 발명에 바친 집념의 발명인, 최무선. 그는 장영실과 함께 우리 나라 최고의 발명왕으로 손꼽히고 있다.

솔로몬의 노래

- 구텐베르크[2]의 활자 인쇄기 -

I

"구텐베르크 씨, 당신의 의도대로 사람들의 반응은 정말 대단합니다. 단 것을 찾아 줄지어 이동하는 개미떼처럼…… 그들은 이 〈가난한 자의 성서〉란 책을 구하느라 혈안이 되어 있어요."

"그렇습니까? 의외로 반응이 좋다니 저도 기분이 좋습니다. 사람들에겐 보고 싶은 책을 마음껏 볼 권리가 있습니다. 그 동안은 책 만드는 것이 힘들어 책을 구하는 것도 하늘의 별따기였지만…… 차츰 좋아지겠지요. 또 그 일익을 제가 담당하고 싶습니다."

---

2) 독일의 활판 인쇄 발명자(1399~1468). 주형에 의하여 활자를 만들고 인쇄기를 발명함.

짓궂은 비가 오락가락하며 거리를 적시고, 세상은 온통 물빛으로 생명력이 살아 숨쉬던 가을의 오후는 구텐베르크에게는 잊을 수 없는 날이었다.

그것은 자신이 어렵게 배운 목판 인쇄술을 가지고 제작한 〈가난한 자의 성서〉가 사람들 사이에서 선풍적인 인기를 끌고 있었기 때문이었다.

"그런데, 구텐베르크 씨. 당신은 어떻게 해서 이런 멋진 아이디어를 생각해 낸 겁니까?"

"예, 아내의 말에서 착상한 것이지요. 언젠가 도서관에 갔다가 우연히 발견한 책에 깊은 관심과 호기심이 생겼지요. 그 책이 바로 〈가난한 자의 성서〉였습니다. 그리고 집에 와서 그 책을 읽으며 받은 감동을 제 아내에게 이야기했지요."

구텐베르크의 이야기는 계속됐고, 찻집의 창밖으로 초가을의 싸늘한 비가 후득후득 떨어져 내렸다. 간혹 그 빗줄기는 창문에 떨어지며 요란한 노래를 부르기도 했다.

"그런데, 아내가 대뜸 그러더군요."

"뭐라고 말입니까?"

"그런 좋은 내용이라면 여러 사람들에게 읽힐 수 있도록 책이 많으면 좋을 거라고요."

"아하, 그랬군요."

사실 인류 문명의 역사에 있어서 3대 문화혁명의 하나

로 불리는 '활자 인쇄기'의 발명은 정말 우연한 착상에서
시작되게 되었다.

그 '활자 인쇄기'가 인류의 문화 발전에 얼마나 지대한
공을 세웠는가는 새삼스럽게 이야기하지 않아도 이미 많은
사람들이 알고 있는 일이다.

'활자 인쇄기'를 발명해 인류의 글자 문화의 혁신을 일
으켰던 혁명가 구텐베르크는 1399년 독일의 마인츠 시에서
태어났다.

어릴 적 구텐베르크의 모습을 기억하는 사람들은 구텐

베르크를 다음과 같이 그려내고 있었다.

"그는 평범했다. 우리 무리 중에서 유난히 말이 적고 눈에 띄지 않는 소년이었다. 사실 나 또한 그가 있었는지 없었는지도 몰랐으니까……."

소심하고 적극적이지 못했던 그의 소년 시절은 어쩌면 그의 어릴 적 집안 환경의 영향을 많이 받은 탓이 아닐까 생각한다.

사실, 구텐베르크는 귀족 출신이지만, 그것은 이름뿐인 명예요, 실생활은 평민과 다를 바가 없었다. 구텐베르크가 태어날 무렵 그의 집안은 이미 몰락했고, 그는 어릴 적부터 현실 문제인 가난과 배고품, 추위와 싸워야 했다. 하지만, 그러한 구텐베르크에게도 소박하고 작은 꿈이 있었다.

'난 많은 책을 읽고 싶어. 학자가 되고 싶다. 많은 지식으로 부끄럽지 않은 학자가 되고 싶어.'

그러나, 가난한 경제 사정 때문에 구텐베르크는 교육다운 교육을 받을 수 없었다. 구텐베르크는 생활고를 해결하기 위해 세공기술을 배워 보석을 다듬는 일로 생계를 유지하며 틈틈이 책을 읽는 수밖에 다른 도리가 없었다.

구텐베르크가 이런 힘들고 수없이 눈물을 흘려야 했던 어려움 속에서 어떻게 인쇄기를 발명할 수 있었을까?

Ⅱ

  "여보, 꼭 그럴 필요가 있어요? 그 동안 힘들게 닦아 놓은 생활 터전인데…… 새삼스럽게 이사라니요…….”

  "미안해요. 당신도 알다시피 이 곳은 상업 도시야. 저 라인강으로 수많은 상선들이 물건을 잔뜩 싣고 왔다갔다하고…… 수천 명도 넘는 상인들이 북적대며 떠들어대고…… 도대체 이 곳은 여유가 없어. 들어 봐요. 이 한밤중에도 사람들의 시끌벅적한 소리가 들리지 않소?”

  어둠이 내려앉은 창밖으로 상선들의 밝은 불빛이 새어 들어왔다. 또, 물건을 싣고 내리는 듯한 소리가 끊임없이 밤의 고요함을 깨뜨리고 있었다.

  "하지만…….”

  "미안하오. 하지만, 난…… 조금 더 많은 책을 읽고 싶고, 조금은 생각도 마음껏 해보고 싶어요.”

  "예, 좋아요. 정 그렇다면 당신 뜻대로…….”

  구텐베르크의 갑작스런 이사 이야기는 그의 아내에게는 받아들이기 힘든 일이었다. 그 동안 살아 왔던 곳을 떠나 새로운 생활을 개척해야 한다는 부담스러운 짐을 진다는 것이 아내에게는 감당하기 어려운 일이었다.

  하지만, 그녀는 남편 구텐베르크를 존경했고 그의 뜻을

이해하였다. 그들은 서둘러 스트라스부르로 이사하게 되었다. 스트라스부르는 조용한 마을이었다.

한적한 가옥들이 넓은 보리밭 사이에 띄엄띄엄 놓여 있고, 사방은 높푸른 산들로 가득 차 어느 곳을 보아도 평온하고 아늑한 그런 곳이었다.

원래 신실한 크리스천이던 구텐베르크 부부는 가까운 사원에 미사를 다니게 되었고, 우연한 기회에 사원의 원장으로부터 보석세공을 부탁받게 되었다.

제법 크고 넓은 도서관을 가진 이 사원의 수도승과의 만남으로 인해 구텐베르크는 〈가난한 자의 성서〉의 활자판을 만들게 된 것이었다.

Ⅲ

'후우, 목뒤 근육이 뻐근하군.'

한참을 목판에 글자를 새기며 고개를 숙이고 있던 구텐베르크는 고개를 들고는 깊은 한숨을 내쉬며 크게 기지개를 폈다. 〈가난한 자의 성서〉 이후에, 새롭게 시작한 〈솔로몬의 노래〉의 목판 제작은 생각보다 더 까다롭고 어려운 작업이었다.

'나무판 위에 한 글자를 새긴다는 것이 쉽지 않은 건 알고 있었지만……'

자신의 제작판 옆으로 잘못 깎여서 못쓰게 된 목판을 보자 구텐베르크의 얼굴 위엔 씁쓸한 웃음이 떠올랐다.

'왠지, 저 나무들이 아깝단 말이야. 글자 하나만 틀려도 목판 전체를 다시 깎아야하는 일도 번거롭고……'

목판에 글자를 새기며 불만은 많았지만, 그렇다고 뾰족한 수가 생기는 것도 아니었다. 그렇게 시간은 흘러갔고 목판을 제작한 지 6개월 정도 흐른 뒤 〈솔로몬의 노래〉는 거의 완성 단계에 이르렀다.

'자, 이젠 한 글자다. 이것만……'

구텐베르크는 실수라도 할까 손을 바들거리며 조심스럽게 움직이며, 온 신경을 인쇄판 위에 쏟았다.

"됐다! 성공이다."

반년의 시간이 흐른 뒤에 〈솔로몬의 노래〉는 완성되었다. 며칠 밤을 새며, 잉크를 묻힌 목판을 종이 위에 찍어내자, 드디어 한 권의 책이 되었다. 몇 권의 책을 일일이 써넣는 것보다, 한 번만 힘들여 수고하면 책을 찍어 만들어 내는 일은 식은 죽 먹기였다.

구텐베르크의 〈솔로몬의 노래〉는 또다시 큰 인기를 얻으며 불티나게 팔렸다. 당시의 책값이란 것은 만들기 어려운 만큼 굉장한 고가의 사치품에 속했었다. 거기다 구하는 것이 어려운 책일 경우 그 값은 아주 비싼 것이었다.

구텐베르크의 〈솔로몬의 노래〉도 예외는 아니었다. 많

은 사람들이 구텐베르크가 만든 책을 구하기 위해 몰려들었
고, 구텐베르크는 곧 큰 돈을 모을 수 있었다.

　"구텐베르크 씨, 책을 더 구할 수 없을까요?"

　"구텐베르크 씨, 정말 대단한 일을 했더군요. 훌륭합니
다. 덕분에 많은 사람들이 책을 볼 수 있어서……."

　구텐베르크를 향한 사람들의 시선은 존경과 부러움이었다.

　'이젠 돈을 벌기 위해서가 아닌 뭔가 흔적을 남기기 위한
일을 하고 싶다. 그 동안 했던 〈가난한 자의 성서〉나 〈솔로
몬의 노래〉는 부피도 적고, 활자도 커서 제작하기 편했어.'

　〈솔로몬의 노래〉의 제작을 마치고 한 달 여가 지난 5
월의 어느 날.

　구텐베르크는 햇빛이 푸른 나뭇잎 사이로 부서지던 산
책로를 걷다가 문득 이런 생각을 하였다.

　'그래, 해보자! 만들다가 죽는 한이 있더라도…….'

　서둘러 집에 돌아온 구텐베르크는 자신이 생각한 것을
구체적으로 계획을 짜기 시작하였다.

　'음…… 그러니까, 〈가난한 자의 성서〉는 3개월, 〈솔로
몬의 노래〉는 6개월…….'

　한참을 이것저것 계산하며 골몰히 생각에 잠겨 있던 구
텐베르크는 그만 성경책을 덮고, 연필을 책상 위에 조용히
내려놓았다.

　'이런, 생각했던 것보다 훨씬 더 방대한 작업이군. 내

계산이 맞다면 족히 30년은 걸리는 일인데……'

시작도 하기 전에 커다란 벽에 부딪힌 것 같았다.

'이건 정말 홍해를 갈랐다는 모세의 이야기처럼 조금은 믿기 어려운 일이 될지도 모른다. 이 일을 과연 내가 끝까지 해낼 수 있을까? 중도에 포기할 거라면 아예 시작하지 않는 것이 좋을지도 모른다.'

구텐베르크는 자리에서 일어나 창문을 활짝 열어 젖혔다. 시원한 바람이 기다렸다는 듯이 휭하니 불어와 구텐베르크의 귓가를 스쳐 지나갔다. 몇 시간을 꼼짝하지 않은 채 창밖으로 보이는 나무들의 풀내음을 맡으며 신이 창조한 경이로운 자연을 말없이 바라다보았다.

간간히 들려 오는 부엉이의 울음소리, 반딧불들의 저녁 무도회, 늑대의 지친 듯한 울음소리…… 금방이라도 요정들이 튀어 나올 것 같은 자연은 그저 침묵할 뿐이었다. 자연도 신도 구텐베르크의 용기 있는 선택을 기다리는 듯 했다.

'그래, 하자! 해보자!'

구텐베르크는 오랜 시간의 고민 끝에 결정을 내렸고, 그 날부터 구텐베르크의 쉼없는 목판작업이 시작되었다.

"몸 생각도 하면서 하세요. 전 걱정이 되요."

아내의 걱정어린 목소리를 뒤로한 채 구텐베르크의 작업은 계속되었고, 끊임이 없었다.

구텐베르크의 생활의 대부분은 활자를 파내는 인쇄 작

업소에서 이루어졌고, 식사나 잠도 작업실에서 해결하였다.

한 곳을 뚫어지게 바라보아야 하는 그의 지리하고도 긴 작업은 그의 눈을 암흑의 구렁덩이로 몰아 넣었고, 그의 시력은 점점 나빠졌다.

'후우, 눈앞이 아른아른하는구나. 안개가 낀 것처럼 뿌옇구나.'

하지만, 구텐베르크는 허약해져 가는 몸은 아랑곳하지 않고 일에 몰두하였다. 그러나, 일은 생각만큼 쉽게 진행되지 않았다.

눈이 오고, 온 세상이 하얀 은빛 옷을 살아입었는가 하면, 어느 새 봄이 와서 온 세상이 초록빛으로 물결을 이루고, 계절마다 알록달록한 무지갯빛을 내며 세상은 변해 갔다. 계절이 몇 차례 바뀌고, 한 해 두 해 시간이 흘러도 구텐베르크의 작업은 끝날 줄 몰랐다.

Ⅳ

"정말 힘들어. 도저히 체력이 따라가지 않는군."

어느덧 작업을 시작한 지 30년의 시간이 흘렀고, 구텐베르크의 나이도 59세가 되었다.

그의 머리는 희끗희끗해졌고, 얼굴은 깊은 주름이 패여 있었다. 누가 보아도 그는 할아버지였다. 그의 손은 가끔씩 일어나는 경련으로 떨렸고, 그의 눈은 이젠 아무리 가까이 들여다보아도 사물을 구별하기 힘들 정도로 악화되었다.

하지만, 떨리는 그의 손에는 아직도 조각하는 작은 칼이 쥐어져 있었다.

'자, 쉬었으니 다시 시작해 볼까?'

피곤함으로 잠시 손을 놓았던 구텐베르크는 다시 칼을 쥐고 목판을 깎아 내리기 시작했다.

"사각…… 사…… 각…….”

'이…… 이런…….'

자신도 모르게 손에 힘을 준 탓에 목판 위로 커다란 홈집이 생기게 되었다. 구텐베르크의 얼굴은 잿빛으로 변했고 실망의 빛이 역력하였다.

'이런 실수를 하다니…… 이 판을 다시 새겨야 하나? 거의 보름 가까이 만들어 온 것인데…….'

잠깐의 실수로 보름 동안의 수고가 물거품이 되어 버렸다. 실망스런 눈으로 목판을 들여다보던 구텐베르크가 갑자기 자신의 무릎을 내리쳤다.

'아하? 바로 그거야! 그래, 그런 방법이 있었지!'

그리고는 홈집으로 망가진 목판을 글자의 크기에 맞춰 하나하나 잘라 내며 조각내기 시작하였다. 그 때 마침 밤참을 준비해 왔던 구텐베르크의 아내는 남편의 기이한 행동에 그만 입을 다물지 못했다.

“여…… 여보, 당신!”

“자, 잠깐만. 이걸 보라고…….”

구텐베르크는 조각낸 활판을 다른 큰 목판 위에 순서대로 옮겼다. 다 맞추고 나자, 자신이 흠집을 낸 망가진 글자의 자리만 비게 되었다. 그리고는 그 빈 글자를 다른 목판 조각에 새겨 끼워 넣었다.

“봐. 이렇게 하면 다시 새겨야 하지 않잖아. 시간도 절약되고…….”

“그랬군요. 왜 그런데 여태 그 생각을 하지 못했던 걸까요?”

"그러게. 하하하……."

구텐베르크는 자신의 머리를 긁적이며 멋적은 듯 웃음을 지어 보였다.

1445년, 제법 쌀쌀한 바람이 불던 어느 밤의 일이었다. 구텐베르크의 이 우연치 않은 실수로 그는 인쇄 기술에 새로운 획을 긋게 되었다. 이젠 더 이상 활자를 잘못 새긴 목판을 붙들고 고민하지 않아도 되었다.

구텐베르크의 이 발명은 인류의 인쇄기술에 큰 영향을 주었다. 지금의 인쇄기술이 구텐베르크의 인쇄기술에서 시작되어 큰 발전을 거듭하게 되었다 해도 과언은 아닐 것이다. 구텐베르크의 새로운 기술은 시간이나 노력 면에서 많은 수고를 덜 수 있었다.

다른 책을 인쇄할 때 종전에 사용했던 조각난 활자를 글자의 순서대로 맞춘 다음, 모자라는 글자나 없는 글자만을 다시 새기면 되었다. 이렇게 하면 몇 번이고 책을 찍어내는 것이 가능하였다.

V

"여보, 이것 봐. 왜 이 글자는 제대로 찍히지 않는 거지?"

인쇄된 책자를 살펴보던 구텐베르크는 인쇄된 책 가운데 같은 부분이 흐리게 인쇄되어 무슨 글자인지 분간할 수

없자, 의아한 듯 고개를 갸웃거렸다.

"잉크가 제대로 묻지 않은 것 아니에요?"

"그런가? 어디 살펴봐야겠어. 저 책들은 사용할 수 없겠군."

자신이 새로 만든 인쇄 기계를 분해해서 살펴보던 구텐베르크는 활자판을 들여다보았다.

'엉! 아니…… 왜 이 글자의 나무가 이렇게 낮아지고 물러졌지? 그래, 아무리 오래 쓸 수 있다고 해도, 나무는 한계가 있는 법이다. 이런 식으로 나무가 물러질 적마다 새로운 활자를 새기는 것은 웬지 낭비 같군.'

그렇다. 나무란 사용하는 한계가 분명히 있었고, 그 사용 횟수가 잦을수록 글자의 양각 부위가 쉽게 닳았다.

'뭐 좋은 다른 재료가 없을까? 무르지 않고…… 단단한…… 그래!'

사실, 우리가 알다시피 구텐베르크는 젊은 시절 세공기술을 배웠었고, 그 누구보다도 철이나 납, 구리 등을 다루는 데는 자신이 있었다. 그래서, 납, 주석, 철을 녹인 합금으로 활자를 새긴다는 멋진 생각을 하게 되었다.

그러나, 그의 계획은 오랜 활판 연구로 가난해진 경제 사정으로 볼 때, 그림의 떡이었다. 새롭게 일을 시작하기에는 그의 재력은 이미 바닥이 나고 말았다.

'이런 중요한 때에 돈이 없다니…… 무슨 좋은 수가 없

을까?'

그 때, 마침 그의 고향 친구인 요하예스 후스트가 동업자가 되어 주기로 약속했다.

"좋아, 자네의 성서 인쇄 작업이 굉장히 흥미롭군. 내가 적극 돕겠네."

이젠 구텐베르크에게 남은 일이란 연구에 몰두하는 일뿐이었다. 그는 서둘러 주석과 납을 구해 활자를 제조하기 위한 작업에 몰두했다. 무슨 일이든 쉬운 일이란 하나도 없는 법이다. 구텐베르크의 새로운 작업도 예외는 아니었다. 돈을 대주던 후스트는 진전 없이 계속되는 실패를 불안해했고, 자신의 일을 후회하고 있었다.

"이보게. 더 이상 내 돈이 길거리에 버려지는 것을 방관만 하지 않겠네. 이젠 내 본전을 찾아가야겠네."

후스트는 자신이 투자했던 자금을 기어이 빼내어 갔고, 구텐베르크는 더 이상 활자기 제작을 계속할 수 없었다.

그러나, 그는 포기하지 않았다.

구텐베르크는 끊임없이 노력했고, 그 땀의 결과 1460년 인쇄기와 금속활자의 발명을 이룩하게 되었다. 그의 나이 61세의 일이었다. 흰머리에 시력을 잃어 물체를 판별하기 힘들었던 노인 구텐베르크는 기쁨의 눈물을 흘렸다.

그 뒤 2년의 시간이 흐르고, 그의 위대한 발명품은 일반에 공개되었다. 그의 눈과 바꾸어 가며 이룩한 그의 빛나

는 유산은 동서양을 막론하고 인간을 인간답게 만드는 데
일익을 담당하였다.

그의 이 두 발명은 인류 지식의 보고며 문명의 횃불이었다.

☀ 우주의 중심은 태양이다

- 니콜라우스 코페르니쿠스[3]의 지동설 -

I

연극이나, 혹은 소설, 드라마를 보면 예상 밖의 결과로 인해 흥분이 고조되고, 손에 땀을 쥐는 스릴을 느끼는 경우가 종종 있다. 이런 경우를 극적인 반전 또는 클라이막스라 부른다. 그런데 이런 반전이 드라마나 소설에서만 나타나는 것은 아니다. 인류가 출현하여 긴 시간이 지나가면서 많은 사건들이 발생되었고, 그 사건들 속에는 의외의 혹은 뜻밖의 일들로 당시의 사회를 변화시킨 반전의 예가 많다.

예를 들면 교황의 권위가 강성했던 중세의 기사들이 십자군 원정의 실패로 순식간에 무너지면서 절대 왕정이라는

---

3) 폴란드의 천문학자·성직자(1473~1543). 지동설을 제창하였고, 저서로 〈천체의 회전에 대하여〉가 있음.

새로운 사회를 형성했던 일이나, 산업혁명과 같은 산업 내에서의 일대 변혁으로 기계 공업이 성장한 일……. 이루 헤아릴 수 없는 많은 일들이 펼쳐졌고 우린 그런 흐름의 맥락을 역사라고 불렀다.

II

"니콜라우스! 니콜……."

이글거리며 타오르던 태양이 어느덧 붉게 그 기운을 산 중턱에 쏟아 붓던 저녁 무렵.

마을 저 편에서 메아리쳐 들려 오는 소리에 소년은 느티나무가 놓인 언덕위로 달렸다. 소년의 얼굴엔 숨이 가쁘게 목까지 들이차 우유빛처럼 하얀 피부가 발갛게 상기되어 있었다. 붉은 빛이 감도는 소년의 외모와 깨끗하게 다려입은 듯한 호박 모양의 둥근 바지 아래로 화려한 프릴이 바람에 흔들거렸다. 하얀색의 긴 스타킹이 신겨진 다리는 유난히 가늘었고 그 아래 신은 신발은 누가 보아도 부러워할 만큼 값비싼 것이었다.

"여기야! 야호, 여기라고……."

소년은 얼굴 가득히 함박 웃음을 지으며 자신을 찾는 사람들을 향해 손을 흔들어 보였다. 유난히 흰 피부에 강렬한 검은 빛이 감도는 머리카락을 가진 이 소년이 바로 니콜

☀우주의 중심은 태양이다

69

라우스 코페르니쿠스이다.

　그는 "지구는 둥글다"라고 주장하며 지구 중심설(천동설)을 부인한 천문학자였다. 그의 주장은 중세의 천문학의 흐름을 완전히 뒤바꾸어 놓을 정도로 위대한 것이었다.

　'천문학의 혁명가'로 불리는 그의 연구 업적은 지금까지도 위대하다 여기지만 그런 그의 성공의 이면에 놓인 어린 시절은 눈에 띄지 않는 평범의 연속이었다. 그 어느 누구도 그의 천재성이나 독창성을 발견하지는 못했다. 오히려 경제적 풍요함에도 불구하고 외로운 소년 시절을 보냈다고 한다.

　사실, 니콜라우스의 어린 시절은 폴란드의 대상인이었던 아버지의 풍족한 재산 덕에 부족함이 없었다. 하지만, 남 부러울 것 없는 코페르니쿠스에게도 유독 부러움에 가득한 눈빛으로 응시해야 하는 아픔이 있었다. 그것은 다정하게 걷는 아버지와 아들의 모습이었다.

　코페르니쿠스의 아버지는 이미 그가 어린 시절에 세상을 떠났다. 한창 아버지와 여러 가지 세상 이야기를 나누며 자랄 무렵부터 코페르니쿠스는 이미 혼자였다. 물론 어머니가 있었지만, 어머니는 가게 일로 늘 바빴다. 또, 아버지만이 해줄 수 있는 어떤 일들 때문에 그의 어린 가슴 한 구석은 늘 외로운 검은 먹구름을 실은 바람이 불었다.

　그 때마다 어린 코페르니쿠스가 찾은 곳은 자신의 집에서 약간 떨어진 느티나무 언덕이었다. 이 곳은 그의 마음의 안식처이자, 그의 죽은 아버지의 무덤이 가장 가까이서 보이는 곳이기도 하였다.

"무슨 일이야? 이 곳까지. 평생 한 번도 안 올 것처럼 말하더니……."

"니콜라우스, 어서 집으로 돌아가 봐. 루카스 신부님이 돌아오셨어."

"뭐, 뭐라고? 루카스! 아니, 외삼촌께서?"

어린 니콜라우스의 얼굴에 놀람과 기쁨이 가득히 떠올랐다. 그의 목소리는 격앙되어 흔들렸고, 그의 손끝이 가볍게 떨리고 있었다. 소년은 자리를 박차고 일어나 한 번도 쉬지 않고 집을 향해 달리기 시작했다.

'삼촌이…… 루카스 삼촌이 오셨다.'

'야호! 만세다. 만세!'

어린 니콜라우스에게 그의 외삼촌 루카스는 동경의 대상이자, 아버지와 같은 분이었다. 늘 어린 그를 따뜻하게 보살피며 그의 정신적 지주로서 어린 니콜라우스의 깊은 마음 한 구석에 자리잡고 있는 비중 있는 인물이었다.

"삼촌! 루카스 삼촌!"

거실로 뛰어 들어온 니콜라우스의 눈에는 검은 신부복을 발목까지 늘어뜨리고, 유난히 커다란 나무로 깎은 목각 십자가 목걸이를 건 위엄 있는 루카스 신부의 모습이 보였다.

"니콜라우스……."

"삼촌……."

조카와 삼촌은 서로의 등을 감싸 안으며 오랜만에 이루어진 해후를 기뻐하며 흐르는 눈물을 멈추질 못했다.

"정말 많이 컸구나! 훌륭하게 성장했어."

"어떻게 된 일이에요?"

"응, 널 데리러 왔어?"

"예? 무슨……."

"너, 나와 함께 떠나지 않겠니? 더 많은 공부도 하고……."

"좋아요! 하, 하지만 엄마는요? 이제 혼자 남는 것을 너무 싫어하셔서……."

"그렇구나! 좋은 기회인데……."

"시간을 두고 너의 엄마와 이야기도 나누어 보고, 너도 다시 한번 너의 결심을 정리하도록 해라."

"……."

니콜라우스는 마음은 부풀었지만, 쉽게 결정 내릴 수 없었다. 비단 홀로 남는 엄마뿐 아니라, 그 동안 그가 살아온 삶의 터전을 떠나야 한다는 두려움, 친구들과 헤어진다는 적막감……. 그 모든 것이 그의 길에 가로놓여 망설이게 하였다.

"급한 것은 아니니까, 나도 이 곳에 며칠 머무르고……. 현명한 판단을 내리도록 해라."

'무엇이 날 위한…… 아니, 모두를 위한 최선의 선택일까?'

방에 돌아온 그는 어두워져 불빛만이 반짝이는 아름다운 토룬시의 야경을 바라보며 깊은 생각에 잠기었다. 간간이 불어오는 밤의 차가운 바람이 양옆으로 열어 젖힌 창을 통해 그의 작은 방안에 들어왔다. 책상 한 옆의 길다란 꽃병에 꽂혀 있는 프리지어의 그윽한 향기가 배회하는 바람에 실려 방안 구석구석에 닿았다. 향긋하게 느껴졌다.

"니콜라우스? 자지 않으면 나와 이야기를 잠시만 나누었으면 좋겠구나."

문틈으로 어머니의 나지막한 목소리가 새어 들어왔다.

"들어오세요. 저어, 깨어 있어요."

※우주의 중심은 태양이다

늦은 시간이 되도록 자지 않았던지 어머니가 긴 드레스 자락을 끌고 들어왔다.

"니콜! 네 돌아가신 아버지도 그렇고, 지금의 나도 네가 그저 물건을 파는 상인으로 남는 것을 원하지 않는단다. 만약, 고민하고 있다면 무엇 때문이든 간에……. 애야, 난 너의 앞길에 걸림돌이 되고 싶지 않단다."

"그래, 결심이 되는 대로 떠나거라. 난 분명 네가 큰일을 할 수 있으리라 믿는다."

눈가에 고인 눈물을 애써 감추며 어머니는 니콜라우스를 격려하였다.

Ⅲ

저 멀리서 긴 꼬리를 이으며 붉은 태양이 솟아올랐다. 뱃머리에 올라선 니콜라스의 물기 어린 눈은 햇빛을 받은 망망한 바다처럼 반짝였다.

'널 믿는다. 믿는다…….'

어머니의 낮지만 힘있는 목소리가 그의 귓가에 맴돌았다. 표현하기 힘든 용기가 그를 멀고 먼 여행의 길에 오르게 만들었다. 그의 몸 깊은 안으로 자신감에 가득한 전류가 흐르고 있었다.

'그래, 난 할 수 있어. 분명, 열심히 공부해서 훌륭한 사

람이 될 거야.'

　이제 어린 니콜라우스는 외롭고 힘든 낯선 세계로의 여행을 시작했다. 그는 신부님의 손에 이끌려 그의 소년 시절을 보냈고, 어느덧 의젓한 젊은 청년으로 성장하였다.

　루카스 신부와 보낸 그 동안의 시간은 니콜라우스를 정신적으로 크게 성장시킨 좋은 기회였다. 루카스 신부와의 대화를 통해 넓고 끝없는 우주의 신비와 경이를 느낄 수 있었다.

　그리고, 니콜라우스는 그의 나이 18세에 폴란드 제일의 명문대인 크라코브 대학에 입학하여 체계적인 학문을 접하며 자신의 상식과 지식, 경험들을 하나하나 정리하였다.

　그렇게 시간이 지나면서 코페르니쿠스는 천재적인 그의 재능을 학문, 예술, 의학, 천문학, 수학 등은 수없는 분야에 이름을 새겨 넣었다. 참으로 놀라운 일이었다. 한 분야에서 성공하는 것도 힘든 일인데, 그의 능력은 르네상스의 문화적 우월 시대에 살던 그에게 있어서 커다란 보물이었다. 그러나, 그는 결코 그의 능력을 자만하지 않았고 남에게 자랑스레 떠벌이지도 않았다.

　특히, 코페르니쿠스에게서 주목할 업적은 천문학 분야에서 찾아볼 수 있다. 그에 의해 주장된 지동설—우주의 중심은 태양이다—은 혁명이자, 기존의 종교관에 변화를 일으키게 만들었던 주목할 만한 사건이었다.

　이러한 코페르니쿠스의 주장은 후에 이탈리아의 철학자

☀우주의 중심은 태양이다

갈릴레이에 의해 입증되기도 하였다. 그러나, 지구가 천하 만물의 중심이라고 믿던 그 시대의 사람들에게 그의 주장은 터무니없는 거짓일 뿐이었다. 이런 불리한 주위의 환경 속에서 그는 그의 주장을 쉽게 세상에 알리려 하지 않았고, 종교 세력을 두려워하기까지 하였다.

IV

'아니, 어째서 이놈의 달력은 항상 날짜가 맞지 않고 이렇게 뒤죽박죽이지?'

천문학에 관심을 가지고 하늘을 관찰하던 청년 코페르니쿠스는 달력마다 자신이 표시해 둔 날짜가 작년의 달력과 다른 것을 보고는 의아한 듯 고개를 갸웃거렸다.

그도 그럴 것이 당시의 달력이란 것이 프톨레마이오스 체계에 따른 달력으로 1년의 길이가 일정하지 않아 정확성에서 많이 뒤떨어져 있었다. 그런 탓에 같은 날짜의 1년 전의 하늘과 그 날짜의 오늘의 하늘 모습은 천차만별이었다.

이런 달력의 부정확성은 곧 천문학의 체계를 복잡하게 만들었고, 이런 모습은 천문학자인 코페르니쿠스에게는 풀어야 할 당면과제였다.

'도대체 무엇이 문제일까? 어딘가에서 잘못된 것은 분명한데…… 찾아낼 수 없으니…….'

그의 머릿속은 늘 이 복잡한 달력에 관한 관심으로 가득
차 있었다. 그렇게 몇 주의 시간이 지난 어느 날이었다.

눈이 부실 정도로 강한 봄의 햇살이 그의 머리 위로 부
서졌다. 따사로운 햇볕은 그의 피곤에 지친 몸을 더욱더 노
곤하게 만들었다. 문득 들어올린 그의 시야로, 틈새를 타고
비집고 들어온 햇빛 한 줄기가 그의 얼굴에 정면으로 부딪
혔다. 벌써 며칠을 이 곳 도서관의 한 구석에서 책을 들여다
보고 있었다.

'휴우, 저 햇빛을 보면 괜스레 마음이 들뜬단 말이야.
오늘은 바에 가서 친구들을 만나 볼까? 그렇다면 이 책을

※우주의 중심은 태양이다

서둘러 읽어야겠군.'

코페르니쿠스는 햇빛의 정겨움을 뒤로 한 채 읽던 책에 고개를 돌렸다. 얼마나 읽었을까? 아니, 그 뒤로 얼마의 시간이 흐른 걸까? 그의 눈빛이 점점 강하게 빛나고 커다랗게 둥그래졌다.

'엉? 이거 봐라. 이, 이건……'

그의 눈에 비친 몇 줄의 글이 그의 잠들었던 머리를 세차게 내리쳤다.

"고대, 태양이 우주의 중심이며 그 속에서 지구는 태양의 주위를 쉬지 않고 돌고 있을 것이다"라는 서문으로 시작되는 이야기였다.

'태양이? 태양이 우주의 중심……'

그의 머릿속에는 많은 복잡한 생각들이 순식간에 들고 일어나 혼란스러웠다. 그는 신부인 삼촌 루카스의 영향을 유난히 많이 받았다. 그가 비록 촉망받는 지식인이요, 천문학자이긴 했어도 그의 깊은 심연 속에선 신에 대한 경외심과 그에 관한 복종의 마음이 늘 자리잡고 있었다. 또한 이런 생활은 그에게 순종적인 종교인의 모습을 강요하기까지 하였다. 하지만, 그의 고민은 잠시였고 그 다음으로 내린 그의 결심은 단호했다.

'그래, 그 동안 풀지 못했던 난해한 문제들을 풀 수 있는 실마리일지도 모른다. 너무 쉽게 포기해 버리거나 무시

하기에는…….'

　'한번 부딪혀 보자. 얼토당토않은 말처럼 생각될지라도 1%의 기회를 포기하지 말자!'

　이후부터 그의 연구는 활기를 띠고 진척되어 나갔다. 그러나, 그의 연구는 매우 조심스럽고 비밀스러운 진행으로 이루어졌다. 그 자신 또한 이미 정착된 기존의 교리와 주장을 혼자서 맞부딪혀야 하는 것은 가혹스럽고 두려운 일이었다.

　코페르니쿠스는 태양 중심설의 우주 체계를 새롭게 꾸민 후, 그의 논리를 뒷받침할 증거들을 찾아 모았다. 이런 작업은 많은 시간과 노력이 필요했고, 그의 연구 성과에 비례해서 그의 나이 역시 늘어갔다. 그리고 그의 나이 60세에 그가 연구했던 태양 중심의 우주 체계가 완성되었다.

　"끝났다. 나의 연구는…… 나의 정열, 나의 젊음…… 이곳에 나의 지나간 청춘과 시간이 집결되어 있다. 나의 땀의 결정체, 난 나의 연구를, 또 내가 택한 길을 사랑한다."

　연구를 마치고 마지막 연구 일지에 간략하게 적은 그의 글을 보면 그의 열정을 읽을 수 있다. 하지만, 그것은 그의 마음뿐이었을까? 아니면, 그는 이미 용기를 상실한 한 노인에 불과했던 것일까? 코페르니쿠스는 결코 그의 연구 결과를 발표하려고 하지 않았다.

　세상에 대혁명을 일으킬 '지동설'은 그렇게 굳게 닫힌 어두운 서재의 서랍 속에서 먼지와 함께 세상의 빛을 보기 위한 준비를 하고 있었다.

V

　"선생님, 책으로 출간해서 많은 사람들의 공감대가 형성되어야 하지 않을까요? 몇몇의 학자, 지식인들의 편협된 지식이어서는 안 됩니다."

　"하지만, 아직까지도 이것은 단지 학설에 불과하네. 그 누구도 쉽게 인정하지 않을 거야! 그것은 특히 카톨릭에 심취한 추종자들에게 가시 같은 일인데……."

　"언젠가 터질 일이라면…… 무엇이 두려우신 겁니까? 심판은 다른 이들의 몫이에요."

　"그렇지만……."

　"서두르세요. 선생님께서 허락하시면 그 뒤의 일은 제가 처리하겠습니다."

　"이보게, 잘못되는 날이면 사람이 다친다고. 내 말 모르겠나?"

　코페르니쿠스의 우주설에 절대적인 지지를 보내던 젊은 학자 레티쿠스와 코페르니쿠스의 논쟁은 밤이 지내도록 계속되었다. 젊은 레티쿠스는 패기로 그의 주장을 말했고 결국 코페르니쿠스를 설득시킬 수 있었다.

　"제발, 조심하게. 부디……."

☀우주의 중심은 태양이다

그러나, 코페르니쿠스의 걱정은 현실로 다가왔고, 코페르니쿠스의 주장을 격렬하게 반대하던 카톨릭 교회의 교리 논쟁에 젊은 레티쿠스는 희생되고 말았다. 코페르니쿠스는 심한 자책감과 모멸감으로 한동안 거동이 불편했다.

그러나, 이 사건은 후에 그에게 있어 커다란 반전을 주었다. 여러 교파 사이에서 방향감각을 상실한 채 떠돌던 그의 원고가 루터파 목사의 거두인 오지안터의 손에 의해 세상에 선보이게 되었다. 1542년의 일이었다. 많은 시간과 고통을 겪은 후에 얻은 결과였다.

흔히들 코페르니쿠스의 지동설을 중세를 뒤엎은 사건이었다고 말한다. 그러나 이러한 평가는 지금에 와서야 내려진 것이다. 당시에 그가 죽은 후 오랜 시간이 지나도록 그 연구가 인정받지 못하였다. 지금의 우리들은 그의 연구를 아무런 장애 없이 받아들이고 있지만, 당시 그는 신을 능멸하고 모독한 죄인이었다.

죽어 가는 싸늘한 시신이 되어서야 그의 머리맡에 〈천구들의 회전에 관하여〉라는 그의 저서가 놓일 수 있었고, 더 많은 시간이 흘러서야 그의 지동설은 인정받을 수 있었다. 사람들은 흔히 과학은 진리요 역사라고 말한다.

코페르니쿠스의 진리는 승리하였다. 그는 편협된 중세의 세상 속에서 홀로 그의 연구와 싸워 왔던 고독한 전사였던 것이다.

🍎팔삭둥이와 사과

- 아이작 뉴턴[4]의 만유인력[5] -

I

"내가 추구해야 할 진리가 넓은 바다라면 난 아직 그 해안에서 조개 껍데기를 줍는 어린아이에 불과하다."

"내가 더 멀리 보았다면, 그것은 거인들의 어깨 위에 올라섰기 때문이다."

근대 과학의 아버지 아이작 뉴턴.

뉴턴이 살아 온 인생 속에서 인류에게 남긴 수많은 업적들을 본다면 그를 위대한 인물이라 칭찬하지 않을 사람은 아마도 없을 것이다.

---

4) 영국의 물리학자·천문학자·수학자(1643~1727). 근대 정밀 자연과학의 시조. 만유인력의 법칙을 확립하였음.
5) 모든 물체 사이에 작용하는 끌어당기는 힘. 우주 인력. 중력.

자신의 위치를 다른 사람들의 도움으로 돌렸던 겸손한 그의 행동 철학을 보더라도 그가 얼마나 큰 그릇이었나를 짐작하고도 남음이 있다.

그러한 아이작 뉴턴은 1643년 1월 4일 영국의 울즈돕에서 태어났다. 온 세상이 하얀 은빛의 세계로 뒤덮여 있었고, 나무들의 가지마다 피어오른 탐스러운 꽃눈에 지나가는 사람들마다 탄성과 환호성을 아끼지 않았던 그해 겨울, 가난한 소지주의 외아들로 태어났다. 크리스마스가 지난 지 얼마 되지 않은 탓에 거리는 아직 치우지 않은 트리들로 가득했고, 사람들도 들뜬 듯 유쾌한 표정으로 거리를 오갔다.

그러나, 마을에서 떨어져 있던 뉴턴의 집은 기쁨보다는 여인의 작은 울먹임이 벌어진 창틈 사이로 흘러나왔다.

"어쩌지요? 우리 아가……."

"너무 허약하고 작아. 오늘 밤도 넘기기 힘들 것 같으이…… 게다가 두 달이나 일찍 나왔으니……."

"할머니! 흑흑흑."

뉴턴은 처음부터 부모님들의 걱정 속에서 세상과 마주 대했다. 엄마의 뱃속에서 열 달을 있어야 하는데도, 여덟 달 만에 세상의 문을 박차고 나왔다. 그의 몸무게는 보통 아기들의 3분의 2도 안됐고, 영양이 부족한 탓에 핏기도 없었다.

"할머니, 아기가 울지 않아요."

"찰싹, 찰싹."

산파 할머니가 엉덩이를 세차게 때린 후에야 겨우 울음을 터뜨렸던 아이작 뉴턴. 그 누가 뉴턴의 어린 시절을 보며, 그가 앞으로 위대한 과학자가 될 것이라 상상할 수 있었을까?

II

"뉴턴! 도대체 어디에 있는 거니?"

"엄마, 저 여기 있어요."

붉은 태양이 대지로 내려앉고, 세상은 빨간 물감을 들인 듯 온통 노을 빛으로 가득 차 있던 8월의 오후.

뉴턴은 어느새 15세의 어엿한 소년이 되어 있었다.

"뉴턴, 엄마 일을 도와주지 않고 지금 뭐하는 거니?"

"엄마, 이거 봐요. 멋지지 않아요? 이게 해시계라는 건데요, 이 그림자를 보면 지금이 몇 시인 줄 알 수 있어요."

"뉴턴, 지금 우리 형편에 게으름을 피워서는 안 돼. 솔직히 너의 수업료도 엄마는 벅차다. 뉴턴, 네가 엄마 일을 조금 더 열심히 도와주면 좋겠구나."

"……."

뉴턴이 성장했던 1658년은 뉴턴에게 있어선 좀처럼 회복의 기미가 보이지 않은 암울의 기간이었다.

뉴턴이 2살 때 아버지가 죽었고, 많지 않았던 집안의

재산은 급속도로 줄어들었다. 더군다나 어린 뉴턴을 두고 그의 어머니는 재혼을 하였고, 그 뒤부터 뉴턴은 그의 어머니와 떨어져 살았다.

다시 뉴턴이 어머니의 곁으로 돌아왔을 때는 이미 집안에 남아있는 거라곤 먼지뿐이었다. 뉴턴은 어머니의 일손을 도와야 했고 소여물과 염소똥, 오리들의 요란스러운 꽥꽥거림과 싸워야 했다. 이렇게 어린 시절의 뉴턴에게서 우리가 알고 있는 위대한 '근대 과학의 아버지'라는 분위기는 찾아보기 힘들었다.

그는 극히 평범한 학생이었다. 공부보다는 일을 해야 했

으므로 반에서의 성적은 늘 밑바닥이었고, 장난 잘 치고 선생님의 잔소리를 듣기 싫어하는 그런 학생이었다.

"누구니? 도대체 누가 오리들의 꽁무니를 엮어 놓은 거야!"

"선생님, 뉴턴이 그랬어요."

"맞아요. 저도 보았어요."

"저두요."

"뉴턴! 아이작 뉴턴!"

햇살의 따사로움을 안으며 뉴턴이 부시시한 눈을 떴을 땐 선생님은 언제나 참을 수 없는 분노기 가득한 얼굴로 뉴턴을 노려보고 있었다.

"아! 오리요? 길을 잃을까 봐서요. 엄마 오리가 걱정…… 그래서…….."

"뉴턴!"

뉴턴은 늘 얼토당토않은 엉뚱한 대답으로 선생님을 당황시켰다. 하지만, 그런 뉴턴도 유독 관심있게 생각하고 재미있어하는 것이 있었다.

그는 늘 무언가를 만지작거린 후에는 멋진 물건들을 만들어 냈다. 그리고, 그의 마을의 산과 들을 휘젓고 다니며 여러 종류의 풀과 꽃, 곤충들을 모았다. 형제가 없는 뉴턴으로서는 자연이 형제였고, 친구이자, 아버지였다.

Ⅲ

세월이 흘렀고, 뉴턴도 18세의 청년이 되었다. 이제 뉴턴도 자신이 가야 할 길을 선택해야 하는 갈림길에 서게 되었다.

어머니를 도와 농부가 될 것인가, 아니면 대학에 들어가 공부를 계속 할 것인가의 선택을 해야 했다.

뉴턴의 어머니는 뉴턴이 자신의 곁에 남아, 농사를 짓길 원했고 뉴턴은 공부에 대한 욕심이 끓어 오르고 있었다.

"어머니! 대학에서 공부한 후, 제 분야의 길을 열고 싶어요. 전 훌륭한 학자가 되고 싶어요."

"뉴턴, 엄마의 곁에 남아 있거라. 난 너무 외롭다."

뉴턴의 어머니는 쉽게 허락하지 않았다. 집안의 경제 사정도 넉넉하지 않았고, 더욱이 노년의 길에 들어선 그녀는 외로웠다.

하지만, 뉴턴의 공부에 대한 욕심은 수그러들지 않았다. 안타까운 마음이 어머니에게 향했지만 자신을 위해 응원군을 찾아야 했고, 평소 가깝게 지내던 외삼촌을 설득했다. 그런 후에야 뉴턴은 대학에 입학하는 것을 허락받을 수 있었다.

뉴턴의 대학에서의 생활은 잠재해 있던 그의 천재성과 명석함이 빛을 발하던 기간이었다.

하지만, 그는 곧 그의 어머니가 있는 울즈돕으로 돌아가야만 했다. 그것은 갑자기 퍼진 페스트로 인해 많은 사람들이 흉칙하게 죽어 갔고, 두려움 속에서 떨어야 했기 때문이었다.

그 상황 속에서 학교라고 잘 운영되기는 힘들었다. 그 당시(1665년)의 페스트를 가르켜 사람들은 하늘이 내린 벌이라고 부르고 있었다. ‘천벌’ 페스트는 나약한 인간에게는 치명적이고, 두려운 존재였다. 어떤 치료법이나 치료제도 없었다. 하는 수 없이 집으로 돌아가는 뉴턴의 발걸음은 무겁기만 했다.

그러나, 사실 이 시기—뉴턴이 집으로 돌아와 쉬던 이 18개월—에 뉴턴은 그의 평생을 걸쳐 이룩하게 될 수많은 찬란한 법칙들을 발견하기에 이른다.

아마도 집터에 기둥을 세우기 위해 초석을 세우는 그런 시기라고 해도 과언이 아닐 것이다.

IV

들판은 녹색의 물결이 가득했고, 산은 붉고 노란 빛의 옷을 갈아입던 1666년의 가을.

하늘은 파란 빛이 가득해 드높아 보였고, 구름 한 점 찾아보기 힘들었다. 뉴턴은 시골 마을의 한가로움과 평온함

속에 젖어 푸른 잔디밭에 드러누웠다. 그의 머리 위로 탐스럽게 익은 사과가 주렁주렁 매달린 사과 나무가 우뚝 서 있었다. 붉게 익은 사과는 누가 보아도 한번은 침을 삼킬 정도로 먹음직스러워 보였다.

'아, 맛있겠다. 저 선명한 붉은 빛을 보라고……'

멍하니 사과를 바라보던 뉴턴은 이내 책을 집어들었다.

"툭."

순간, 뉴턴이 여태껏 바라보던 사과 한 개가 들판 위로 떨어져 가볍게 구른 후 멈췄다.

'어? 사과가 떨어졌네. 하느님이 내가 사과를 먹고싶어

한다는 것을 아신 것일까?'

뉴턴은 떨어진 사과를 집어든 후, 옷 위에다 가볍게 문질렀다.

사과의 표면은 금새 반짝거리며 광이 났다.

"자, 그럼 한 입 베어 물고……. 아!"

뉴턴은 깨물던 사과를 빼어낸 후, 한참 동안 들여다보다 사과나무를 올려다보았다.

'그래, 그거야. 아!'

이렇게 만유인력의 법칙이 발견된 일화는 우리가 모두 알고 있는 것이다. 그 밖에도 미적분법, 혜성의 궤도, 조석 이론, 빛의 성질 등 수많은 연구의 시작을 위한 토대를 쌓아 갔다.

어느덧 시간이 흘러서 페스트의 공포로부터 회복되면서 떠났던 사람들이 하나 둘 도시로 돌아가기 시작했고, 뉴턴이 다니던 케임브리지 대학도 굳게 닫혀 있던 학교가 다시 문을 열었다.

개교 소식이 들리자, 뉴턴도 서둘러 학교로 돌아갔다. 그 동안 발견한 법칙들의 이론의 토대를 닦고 연구를 위해서이기도 했지만, 그 동안 잠들어 있던 그의 놀랄 만한 학구열이 불타고 있었기 때문이었다.

그는 보기와 달리 일에 대한 집착력이 강한 청년이었다. 이런 뉴턴을 관심 있게 바라보며, 후원을 아끼지 않았던

이가 뉴턴의 스승 베로였다.

"내 인생에 있어서 가장 성공적이던 때는 스승 베로를 만났던 해이다. 그는 나의 재능과 능력을 인정해 주었고, 격려를 아끼지 않았던 나의 귀한 정신적 지주였다."

뉴턴은 자신의 인생에 도움을 주었던 사람을 그의 어머니나 삼촌보다도 그의 스승 베로임을 밝혔고, 사실 뉴턴도 베로를 무척 따르며 의지하고 있었다.

V

"선생님, 베로 선생님!"

뉴턴은 석간 신문을 쥐어 잡은 채 정신없이 스승 베로의 연구실 문을 두드렸다. 하지만, 베로의 방안에서는 인기척을 느낄 수 없었다.

"선생님, 저 뉴턴이에요. 급한 일입니다."

그제야 방문이 빼꼼히 열리며 작은 틈이 보였다.

"응? 자네, 웬일인가?"

"이거 보세요. 라이프니츠가 미분법을 발견했대요. 신문에서 크게 보도하고 있어요."

"미분법?"

"예, 제가 저번에 선생님께 말씀드렸던……."

"이런, 세상에! 자네가 한 발 늦었군. 그러나 지금이라도 발표해야지 않겠나?”

“예. 그런데…….”

“무슨 일이지?”

“증인이 없어요, 선생님밖에는……. 그 때 선생님께만 말씀드리고 말아서…….”

“그래, 조금은 불리하겠지만 그래도 싸워는 봐야지.”

세상은 어둠의 빛으로 점점 물들어 갔고, 사람들이 저마다 자신의 집으로 발걸음을 옮기던 그 때, 뉴턴은 스승 베로의 방문을 세차게 두드렸다.

그것은 자신이 울즈돕에서 머물 때 이미 발견했던 미분법을 도이칠란트인인 라이프니츠가 학교에 발표한 기사 때문이었다. 이후부터 뉴턴과 라이프니츠의 웃지 못할 논쟁이 시작되었다.

어쨌건 발표를 하지 않았을 뿐 뉴턴은 이미 20세의 어린 나이에 미분법을 발견했고, 그 사실을 그의 스승에게만 알렸다. 라이프니츠와 뉴턴의 싸움은 날이 더할수록 거세어 갔고, 사람들의 시선 또한 달갑지만은 않았다.

“말이야 바른 말이지. 학자면 학자답게 듬직하고 우직한 맛이 있어야지. 이런 인기만 생각하는 짐승 같으니…….”

“아, 그래도 누가 먼저 발견했느냐 하는 것은 중요한 일이지. 나중에 역사가들에 의해 기록될 일인데.”

“그렇지만 저건 너무 심하지 않아요. 마치 붉은 고깃덩

어리 하나를 두고 두 마리의 이리가 물어뜯고 있는 것 같다고요."

　주위의 시선은 뉴턴과 라이프니츠의 싸움을 두 가지 견해로 바라보았고, 누가 이 싸움에서 이기느냐 하는 것이 커다란 관심거리가 되어 가고 있었다. 하지만, 둘의 싸움은 해가 바뀌어도 계속되었고 오랜 시간은 사람들로 하여금 둘의 싸움을 잊게 만들었다.

　오늘날 미분법은, 물리학에서는 뉴턴을 수학에서는 라이프니츠를 각각 높이 평가하고 있다. 그들의 독립된 분야를 자연스럽게 인정하려는 보기 좋은 예의 하나이다. 라이프니츠와의 사건이 있은 후, 뉴턴은 정신적으로나 육체적으로 많은 고뇌에 쌓이게 되었다.

　"후우, 정말 신물이 난다. 연구라는 것…… 내가 무슨 업적을 남겨 놓았다라는 것이 내가 연구하며 흘린 땀방울보다 더 중요하다니……."

　일종의 권태였다. 뉴턴은 자신도 모르는 사이에 연구에 대한 열정을 잃어 가고 있었다.

VI

　"계십니까? 뉴턴 선생님."
　"누구시오?"

　　맑은 햇살이 눈부시게 부서지며 작은 물보라를 일으키
던 1684년 5월의 아침, 뉴턴은 낯선 신사의 방문을 받게 되
었다. 언뜻 보기에 말끔하게 맨 넥타이라든가 깊게 눌러쓴
중절모가 멋있게 보이는 신사였다.
　　"무슨 일이지요. 처음 뵙는 분인 것 같은데……."
　　"안녕하십니까? 전 핼리라는 사람입니다."
　　"핼리?"
　　"행성을 관찰하지요. 남들이 과학자라고도 하지요."
　　"이런, 제가 실례를 했군요. 그런데 무슨 일이지요."
　　"뉴턴 선생님, 전 며칠 전 제 동료들과 토의를 했습니
다. 태양이 행성들의 운동에 영향을 준다는 것은 이미 케플
러 이래로 알려진 사실이지만 그것을 증명할 길이 없습니
다. 그래서, 저와 제 동료들은 일주일에 한번씩 모임을 갖고
그에 관한 연구를 토의하곤 했습니다."
　　"……."
　　뉴턴은 핼리라는 청년의 이야기를 주의 깊게 듣고 있었다.
　　"그래서 저희들은 행성이 태양의 주위인 그 길을 벗어
나지 않고 계속 붙어 있게 하는 힘은 거리의 제곱에 비례할
는 가설을 세우게 되었습니다."
　　"그래요? 놀랍군요. 그런데 문제가 뭡니까?"
　　"문제는 행성이 머무르는 힘이 아니에요. 선생님, 만약
중력이 거리의 제곱과 비례한다면 행성은 어떤 길을 따라서

움직이게 될까요?"

"타원입니다."

"예? 선, 선생님. 어, 어떻게 그걸 아셨습니까?"

"예전에 계산해 본 일이 있어요. 내가 제대로 기억하고 있다면 핼리 씨가 물어 온 중력이 거리의 제곱에 비례할 경우 타원이 나옵니다."

"사실입니까? 그렇다면 선생님, 그 계산노트를 빌려주실 수 있습니까?"

"그러지요. 며칠 뒤에 댁의 연구실로 보내드리겠습니다."

뉴턴이 아무런 의심 없이 단호히, 힘있게 대답했던 타원. 뉴턴의 대답으로 천체운동의 법칙에 관한 사람들의 궁금증은 하나하나 풀리기 시작했다. 그런 일이 있은 후, 뉴턴과 핼리의 만남은 점점 늘었다. 연구에 관한 토의, 한 잔의 따뜻한 차, 인생의 상담. 그 어떤 형태이든 뉴턴과 핼리는 새로운 우정의 싹을 틔웠다.

뉴턴이 그의 연구의 결과를 총망라한 대사전 〈프린키피아〉를 집필한 것도 이 시기이다. 핼리의 강력한 설득도 있었지만, 뉴턴도 자신의 흔적을 남기고 싶었다. 그래서 18개월이라는 어떻게 보면 길고 또 어찌 보면 짧은 그 시간 동안 3부에 걸친 그의 〈프린키피아〉를 완성할 수 있었다.

그의 집중력이 얼마나 대단했던가를 알 수 있는 한 예가 있다. 그것은 얼마나 오랜 시간동안 꼼짝하지 않고 딱딱

팔삭둥이와 사과

한 의자에 앉아 있었던지 그의 엉덩이는 욕창이 생겨 짓무르기 시작해 꽤 오랜 시간을 고생했다는 이야기가 있다. 정말 뉴턴의 정신력은 놀랄 만한 것이었다. 식사를 거르는 것은 자주 있는 일이었고, 심한 경우는 시간과 날짜를 잊어버리고 지내기 일쑤였다.

어쨌거나 이런 힘든 과정 속에서 1687년 무덥던 그 해 여름, 그의 〈프린키피아〉가 완성된 것이었다. 〈프린키피아〉에는 관성의 법칙, 작용·반작용, 그리고 만유인력의 법칙 등 역학의 일반적 법칙에서부터 가장 저항을 적게 받는 배의 유선형 모양에 관해서도 언급하고 있다.

더군다나 그 누구도 쉽게 해 오지 못했던 태양과 지구의 질량을 밝히고, 둘로 나뉘어졌던 하늘과 땅을 한 가지의 이론에 통합하게 되었다. 그의 나이 60도 채 되지 않은 54세의 일이었다.

그가 죽기까지 그의 명성과 인기는 대단하였다. 하지만 이런 뉴턴도 사랑하는 사람에게 버림받는 고뇌 때문에 평생을 독신으로 산, 지극히 평범한 인간으로서의 삶도 찾아볼 수 있다.

뉴턴이 이 세상에 남긴 수많은 흔적들을 값을 매기고 평가한다는 것은 쉬운 일이 아니다. 그러나, 뉴턴이 죽은 지 300년 가까이 되어 가는 이 시점에서 그가 넓은 우주를 향해 추구했던 정신은 고뇌 끝에 탄생되는 작은 진주알처럼 영롱하게 빛나고 있다.

♠생명수처럼 불꽃에 힘을

- 프리스틀리[6]의 산소 -

I

"뎅그렁, 뎅그렁."

종소리가 푸르른 하늘 위로 울려 퍼졌다. 무르익은 듯 붉게 타오르는 하늘빛 뒤로 무리 지은 새들이 공중을 향해 박차며 날아올랐다. 나무로 둘러싸인 숲의 공간 사이로 새들의 힘찬 날개짓 소리가 메아리쳤다.

교회의 예배 시작을 알리는 종소리가 들리자 이 아름다운 숲의 주민들의 모습이 하나둘 보이기 시작했다. 갈색의 소가죽 모자를 깊게 눌러쓴 소년들과 예쁜 리본을 단정하게 매고 부모님의 손을 잡고 걸어오는 소녀, 마차에서 내리는

---

6) 영국의 화학자 · 신학자 · 목사(1733~1804). 산소 · 염화수소 등을 발견함.

부인과 노인의 모습은 매우 즐거워 보였다.

"안녕하세요!"

"목사님! 오늘은 유난히 멋있게 보이세요."

"후우, 어서 오렴, 마리. 오늘은 정말 예쁜 핀을 꽂았구나……."

사람들에게 목사님이라고 불리는 검은 가운을 입은 사제가 웃음을 지으며 어린 소녀의 머리를 쓸어 내렸다.

마을 사람들과 인사를 주고받는 목사의 얼굴에는 주름살이나 근엄함을 찾아보기 힘들었다. 언뜻 보아도 목사는 20, 30대의 젊은 청년임을 짐작하게 하였다.

이 청년 목사가 바로 산소를 발견한 프리스틀리였다.
그는 어린 나이에 사제의 길을 걷기로 마음먹고 교회의 일
을 했다.

마을 사람들은 그를 청년 목사라 부르며 따랐다. 특히,
어린 소녀, 소년에게 많은 인기가 있었다. 아이들은 이것저
것 궁금한 일들을 물어 보며 프리스틀리의 뒤를 쉴새없이
좇아 다녔고, 이러한 아이들의 끊임없는 호기심은 그를 당
혹스럽게 만들었다. 그러나 그는 언제나 환한 웃음을 지으
며 아이들의 질문에 답하였다.

또한, 마을에 해결해야 할 큰 문제들이 생기면 앞장서서
일을 처리하는 이도 프리스틀리였다. 이런 부지런하고 성실
한 젊은 목사에 대한 마을 주민들의 신망은 매우 두터웠다.

프리스틀리의 하루는 언제나 아이들과 혹은 마을의 일
을 해결하느라 눈 깜짝할 사이에 지나가 버렸다. 그리고, 정
기적인 교회 신도들의 집을 방문하는 일은 사제로서 프리스
틀리의 중요한 임무였다.

Ⅱ

1767년 어느 이른 아침. 프리스틀리는 신도의 집을 방
문하기 위해 간단하게 아침 식사를 마친 후, 외출 준비를
서둘렀다.

"오늘은 레비스 씨 댁에도 들려야하고 말굽도 갈아야 하니 무척 바쁘겠군!"

거울을 들여다보며 하루의 일을 하나하나 정리하며 기억을 가다듬었다.

그 날의 일과를 다시 한번 점검하는 일은 아침을 시작하는 그의 오랜 생활 습관이었다. 특히, 신도들의 집을 방문하는 일이 아침에 있는 날이면 그는 더욱 신경을 곤두세우고 실수하지 않기 위해 몇 번이고 일과를 되뇌었다.

오늘 프리스틀리가 방문할 곳은 마을에서 양조 공장을 운영하는 레비스 씨 댁이었다. 준비를 마치자 프리스틀리는 양조 공장으로 가는 지름길을 향해 걸었다. 시내로 들어가서 양조 공장을 가면 30분이 걸리지만 언덕으로 이어진 지름길은 고작 15분이면 도착할 수 있었다.

또, 지름길로 향하는 길에 늘어선 자두나무들의 하늘거리는 움직임은 그에게 훌륭한 눈요깃거리였다.

그는 지름길을 걸어가며 콧소리로 흥얼거리기도 하고 늘어선 나뭇잎들을 걸음을 멈춘 채 유심히 들여다보기도 했다.

그러는 동안 프리스틀리는 레비스 씨의 양조 공장임을 알리는 굵직한 통나무 울타리와 만날 수 있었다. 멀리서 많은 사람들이 커다란 술통을 어깨에 짊어지고 분주하게 움직이는 모습이 보였다.

‘역시 포도의 계절이라 바쁘군. 모두들 쉴새없이 움직이
고…….’

레비스 씨의 양조 공장은 질 좋고 맛있는 포도주를 생
산하는 곳으로 유명하였다. 이 곳의 독특한 향과 맛을 즐기
기 위해 먼 곳에서도 주문이 밀려왔다.

7월이 되면 레비스 씨의 양조 공장은 보랏빛으로 무르
익은 포도들을 거두어들였다. 그리고 나서 가득 모인 포도
송이들을 커다란 통에 넣어 찌꺼기를 거른 뒤 포도주를 담
는 나무통에 넣어 지하 창고로 옮겼다. 그 무렵이 되면 마
을 주민들은 마을에 가득한 은은한 포도 향기로 마음이 들
뜨곤 했다. 이런 기쁨은 프리스틀리에게도 예외가 아니었다.
마을 사람들의 웃음만큼이나 풍성한 수확의 기쁨을 그도 맛
보고 있었다.

“계십니까? 아, 와일먼 씨 안녕하세요?”

프리스틀리는 공장의 창고 문을 열고 포도주 기술자인
와일먼에게 인사했다. 그 순간 창고 안에 가득 차 있던 향
긋한 포도내음이 그의 코끝에 와 닿았다.

그 향기 가운데는 벌써 발효를 시작한 듯 알코올 성분
의 시큼한 냄새도 섞여 있었다.

“어이구! 목사님, 이 곳에는 웬일이세요?”

술통을 지고가다 낯익은 목소리의 주인공이 프리스틀리
임을 알고, 술통을 바닥에 내려놓고 꾸벅 인사했다.

“바쁘시지요. 저, 레비스 씨를 뵈려고 왔는데…….”

“예, 올해는 수확량이 썩 많지가 않습니다. 모두들 걱정하고 있지요. 참! 레비스 씨는 조금 전에 밖으로 나가시는 것 같던데……. 저, 그러지 마시고 여기서 조금만 기다리세요. 그러면 제가 레비스 씨를 찾아보겠습니다.”

“번거로우실 텐데……. 그러면 염치 불구하고 부탁드리겠습니다.”

사나이는 창고 안의 주변을 한 바퀴 둘러본 후, 프리스틀리에게 가벼운 인사를 하고는 문 밖으로 달려나갔다. 그러나, 양조 공장 주인인 레비스 씨나 그를 데리러 나간 사나이는 몇 분이 흘러도 돌아오지 않았다.

“한참 동안 기다려야겠군. 그럼, 어디 구경할 겸 한 바퀴 돌아볼까…….”

프리스틀리는 그냥 서서 기다리는 것보다 이곳 저곳 구경하며 기다리는 것이 덜 지루하리라 생각하였다. 주위를 둘러보던 프리스틀리는 창고의 중앙에 놓인 커다란 나무통에 시선을 돌렸다.

“응? 아! 저 통이 바로 거두어들인 포도들을 모두 모아 발효시키는 곳인가 보군. 그럼, 어디…….”

커다란 통은 사다리를 밟고 올라서야 안을 들여다볼 수 있었다.

“엉? 저건 뭐야?”

사다리 위에서 통 안을 들여다보던 프리스틀리는 깜짝 놀랐다. 포도가 담긴 통 안은 군데군데 거품이 생겨 부글부글 끓어오르고 있었다.

'혹시 상한 게 아닐까? 어서 레비스 씨에게 이 사실을 알려 드려야 겠는걸.'

프리스틀리는 걱정스러웠다. 이 모습을 보고 낙담할 양조장 주인의 모습에 서둘러 사다리를 내려왔다.

"목사님!"

그 때 그의 뒤에게 양조장 주인인 레비스 씨의 음성이 들려 왔다.

"저어, 레비스 씨, 이 위로 올라와 보세요."

"예? 왜 갑자기, 무슨 일이 있습니까?"

"글쎄, 포도가 상했는지 통 안이 거품으로 가득합니다."

"예? 아, 그거요! 하하하……."

프리스틀리의 말에 고개를 갸웃거리던 양조장 주인은 웃음을 터뜨리며 말을 이었다.

"목사님, 그건 심각한 문제가 아닌 걸요."

"아니, 저러다 포도주 생산에 차질이 생기면……."

"아니에요. 그건 포도들이 발효되면 자연스럽게 일어나는 현상인 걸요. 발효시 생기는 가스들이 거품을 일으키는 것이지요."

"가스요? 그것이 뭡니까?"

"글쎄, 저도 뭔지 모르지만 그러지 말고 내려오세요. 차라도 한 잔 드시지요. 무슨 가스인지는 중요한 것도 아닌데……."

양조장 주인의 안내로 창고 밖으로 나왔지만 프리스틀리는 자신도 알지 못하는 갑갑함을 느꼈다. 그는 아쉬운 듯 발효통의 뒤를 계속해서 돌아보았다.

"가스? 도대체 무슨 성분일까? 무엇 때문에 거품이 생기는 걸까?"

그는 자신에게 그렇게 물었다.

Ⅲ

　　레비스 씨와의 대화는 생각보다 일찍 마칠 수 있었다. 해가 질 무렵 프리스틀리는 집으로 향했지만 공장에서 느낀 갑갑함은 줄어들 줄 몰랐다. 발효통을 본 후 그의 머릿속은 오직 한 가지 일만이 되풀이되며 맴돌았다.

　　'가스, 가스라……. 도대체 뭐지?'

　　그의 눈앞으로 선명하게 떠오르는 것은 포도송이 사이에서 부글거리며 끓어오르는 거품이었다.

　　"가스라……, 그래! 한번 그 가스를 모아 관찰해 보자. 이렇게 궁금해하는 것보다 직접 해결해 보는 거야."

　　이렇게 해서 프리스틀리의 기체에 관한 연구가 시작되었다. 처음 발효시 생기는 가스에 대한 그의 호기심은 시간이 지나자 지구상에 존재하는 또 다른 기체에 대한 관심으로 더욱 확대되었다.

　　예를 들면 수은이나 수용성 기체인 암모니아, 염산 등이 그것이었다. 특히, 그의 또 다른 관심의 대상은 수은이었다.

　　수은은 열을 가하면 본래의 색을 잃고 붉은 빛을 띠었다. 이런 놀라운 현상은 젊은 프리스틀리를 자극하기 충분한 것이었다.

　　'굉장한데! 어떻게 감쪽같이 색이 변하는 거지?'

♠생명수처럼 불꽃에 힘을

107

　그런데 더욱 놀라운 일이 그의 눈앞에서 벌어졌다. 잠시 다른 생각을 하느라 자신이 수은을 가열한다는 사실을 잊어버린 프리스틀리의 작은 실수가 그에게 행운을 안겼다. 붉은 색의 수은이 더 오랜 시간 열을 가하자 다시 처음의 형태로 되돌아갔던 것이었다.

　'세상에! 믿을 수 없군. 이건 마술도 아닌데……. 수은 재를 다시 수은으로 돌아가게 만드는 힘은 무엇일까? 무엇이 이런 기막힌 요술을 부리는 걸까?'

　'혹시, 수은을 가열할 때 어떤 기체가 생기는 것이 아닐까? 예전의 포도가 발효될 때 생긴 가스처럼…….'

　많은 질문을 스스로에게 타진하며 해답에 가까운 가정들을 스스로 세웠다.

　"좋아! 우선은 수은을 가열할 때 수은에 영향을 주는 기체가 생길 것이라는 전제하에 실험을 하자. 그렇다면 그 기체를 모으는 일이 해결돼야겠어."

　기체를 모으는 일은 생각보다 쉽게 이루어졌다. 실험을 위한 어느 정도 충분한 기체의 양이 모아졌고, 그의 실험은 더욱 활기를 띠었다.

　'음, 먼저 이 기체의 성분을 조사해야겠어. 어떤 성질을 지녔는지……, 색을 지닌 것 같진 않고……. 냄새는 있나?'

　기체가 담긴 긴 시험관을 요리조리 돌려보며 코를 대보기도 했다. 그러나 어떤 냄새도 나지 않았다. 그는 시험관을 의아한 눈빛으로 쳐다보았다.

'혹시, 가스가 없는 거 아니야. 어쩌면 너무 꽉 막아서 냄새가 미처 흘러나오지 못했을지도 몰라. 조금더 들춘 후에…….'

그 순간 생각을 앞선 그의 팔이 시험관을 흔들었고 시험관은 힘없이 엎어졌다.

"앗! 아, 안돼!"

그는 놀라 비명을 질렀다. 자신의 노력이 물거품이 되는 순간이었다. 그 때 허둥대던 프리스틀리는 그의 눈앞에 펼쳐진 일에 놀라시 멍하니 서 있었다. 넘어진 시험관 옆에 서 있던 초의 불꽃이 시험관이 쓰러지자 더욱 세차게 타올랐다. 촛불의 강렬한 불꽃은 한동안 그의 영혼을 집어삼켰다.

'아!'

그는 반사적으로 그의 몸을 움직여 촛불을 시험관 안으로 밀어 넣었다. 불꽃은 이전보다 더 세차게 타올랐다.

'그래, 기체는 존재하고 있었어. 그리고, 마치 생명수처럼 불꽃에 힘을 불어넣고…….'

이 수은 재를 태워서 프리스틀리가 모았던 기체가 바로 산소였다. 하지만, 물질을 태우거나 산화시키는 데 공기 중에 떠도는 산소가 꼭 필요한 것이긴 했지만 그는 자신이 발견한 것이 산소임을 몰랐다. 다만, 자신이 발견한 이 기체가 중요한 것일거라는 믿음으로 연구에 더욱 전념하였다. 이러한 그의 신념은 쥐의 실험에서 더욱 확실해졌다.

프리스틀리는 쥐가 살 만한 공간을 지닌 상자를 두 개 만들었다. 이 두 상자는 외부와 철저하게 차단된 것이었다. 일종의 밀폐공간이었다. 두 곳에 각각 한 마리씩의 쥐를 넣은 후 한 곳에만 수은 재에서 얻은 기체를 넣어 주었다.

약20분이 지나자, 기체가 없는 공간의 쥐는 움직임이 둔해지더니 곧 죽었다. 그러나, 기체를 넣은 곳의 쥐는 여전히 부지런히 음식을 갉아먹었다.

'굉장해! 생명의 기체인가?'

프리스틀리는 처음 포도 발효때 생기는 기체를 본 후 연구를 시작했고, 그 후 7년이 지난 1774년 산소 발견의 위대한 일을 해냈다.

IV

오늘날 근대 과학의 태동을 가져온 화학 혁명은 금속의 산화 현상에서 출발했다고 보는 견해가 지배적이다. 그렇다면 금속의 산화의 출발을 가져온 것은 무엇일까? 그것은 산소의 발견 이후 활기차게 진행된 연소 현상에 관한 연구에서 비롯되었다고 보아도 무관할 것이다.

그만큼 산소의 발견은 화학 발전에 일익을 담당하였다.

♠생명수처럼 불꽃에 힘을

그리고 산소를 발견한 프리스틀리는 그 위대한 업적만큼이나 융숭한 대접을 받아야 마땅할 것이다.

그러나, 불행히도 프리스틀리에게 쏟아져야 할 부와 명예는 결코 그의 몫이 되지 못했다. 안타깝게도 프리스틀리는 신학을 공부한 목사로서 틀에 얽매인 보수주의적인 사고를 지니고 있었다. 개방적이지 못한 그의 성격 탓에 그의 모든 명예들은 다른 사람의 몫이 되고 말았다.

오늘날 우리가 '산소'라고 부르는 것은 프랑스의 천문학자이자 수학자인 라부아지에에 의해 이름 붙여진 것이다. 그는 프리스틀리의 굳은 침묵을 깬 장본인이었다. 동식물의 호흡, 금속의 산화·연소에 꼭 필요한 물질이 산소임을 입증한 후 세상에 알렸다.

그러나, 우리가 기억해야 할 중요한 것은 누가 산소를 발견했느냐 또는 누가 먼저 세상에 알렸느냐는 아닐 것이다. 연구에 있어서 프리스틀리와 같이 하나의 일에 몰두하는 인내와 끈기도 중요하고 틀에 얽매이지 않고 자신의 소신을 자신 있게 밝히는 라부아지에의 개방 정신 즉, 열린 마음의 자세도 중요한 것이다. '산소의 발견'은 이러한 두 가지 조건이 알맞게 조화를 이루었기에 탄생할 수 있었다.

세계공통 측정기준

- 달랑베르[7]의 미터법 -

I

"이런 식의 나라마다 제각기인 측량기준 때문에 분쟁이 끊이지 않는 것입니다."

"그렇습니다. 얼마 전 오스트리아와의 북쪽 영토 싸움도 서로가 주장하는 국경선이 달랐기 때문인데, 이것 또한 다른 미터법을 사용했기 때문이라고!"

프랑스의 정부 회의실은 토론의 열기로 숨이 막힐 지경이었다. 회의 참석자의 대부분은 정부의 고관들과 저명한 학자들로 구성되어 있었다. 이들의 열띤 토론의 쟁점은 마을마다 지역, 나라마다 들쭉날쭉하게 다른 측량 기준의 문제점에 관한 것이었다.

---

7) 프랑스의 측량학자 · 모험가.

“어쨌거나 지금의 측량 방법으로는 더 많은 싸움과 혼란을 가져올 뿐입니다.”

“그렇다면 무슨 대책을 가지고 계십니까? 무조건 비판만이 최선책은 아닙니다.”

“물론입니다. 우선 세계 어느 곳에서나 공통으로 사용할 수 있는 측정 기준을 마련하는 겁니다. 우리 프랑스에서 만든 측량법이 영국, 오스트리아 등 전 유럽 아니 세계 어느 곳에서도 쉽게 이용할 수 있는…….”

머리가 희끗한 한 노인 학자의 이야기에 장내는 잠시 물을 끼얹은 듯 조용하다가 곧 술렁거렸다. 그리고는 이곳 저곳에서 함성 소리가 터져 나왔다.

“찬성이오!”

“옳소. 공통된 측량 기준을 마련하도록 합시다!”

이렇게 막대한 자금을 사용하는 재측량 사업은 프랑스 정부의 승인 아래 대대적인 국가 사업으로 전개되었다.

프랑스 정부는 중요한 측량 사업을 실수 없이 진행시키기 위해 세계적으로 촉망받는 저명한 학자들을 초청하여 자문 기구를 설치하였다.

“음, 그렇다면 정확한 길이의 측정을 위해서는 역시 지구를 기준으로 하는 것이 좋을 것 같습니다.”

표준 길이 측정을 위한 측량법 설정의 대규모 사업에서 가장 커다란 문제는 중심이 되는 기준선을 찾아야 하는 것이었다.

　많은 자문 위원들은 오랜 토론과 고민 끝에 지구의 북극에서 남극으로 그어 내린 지구의 자오선을 기준으로 하여 그 길이를 측정한 후 표준 측량법 즉, 미터법을 만드는 계획에 합의하였다.

　그리고, 곧 현지에 파견하기 위한 측량단을 구성하기 위해 유능하고도 모험심이 강한 인물을 찾기 시작하였다.

⚡세계공통 측정기준

II

“글쎄, 나라가 발칵 뒤집혀 버린 지금 측량 사업을 계속해 나아갈는지…….”

“무슨 소리? 이건 정부가 바뀐 것과는 전혀 상관 없는 일이라고. 그리고 세계적으로 공동 사용하게 될 측량법을 만드는 일은 우리 프랑스 정부로서도 명예스러운 일이 되는 건데…….”

1791년 11월. 찌뿌듯한 하늘은 금방이라도 눈을 쏟아낼 것처럼 한껏 움츠리고 있었다. 때 이른 추운 겨울 기온과 우중충한 하늘빛에 기세가 꺾인 듯 거리를 오가는 사람들은 몸을 잔뜩 웅크리고 분주하게 움직였다. 그들의 표정은 추위로 일그러져 보였다.

“그나저나 리베이르는 언제 도착하는 거야? 쳇! 우리가 모두 취하면 얼굴을 보이려고 그러나…….”

“그 친구 늦는다고 했잖아. 신경 쓰지 말고 마시자고.”

거리의 한 구석에 자리잡은 작고 허름한 술집의 모퉁이에 너댓명의 신사들이 그룹을 지어 열띤 토론을 하며 술을 마시고 있었다.

어떤 이는 술기운 탓에 벌겋게 달아오른 볼을 연신 부벼대며 혼자서 중얼거리고 또는 술에 취해 테이블 위에 쓰러진 채 잠들어 버린 청년도 눈에 띄었다.

　모두들 떠들어 대고 있었지만 술집의 문가 구석에 앉은 신사는 술을 마시지도 않고 그 누구와도 이야기하지 않았다. 다만 계속해서 창 밖을 내다볼 뿐이었다.

　"이봐, 달랑베르! 지금 뭐하고 있는 거야? 이쪽으로 오라고……."

　"응, 금방 가겠네. 어쩐지 금방 눈이 쏟아질 것 같아."

　"허허, 그게 자네와 무슨 상관이야! 나라가 뒤집혀도 그대로인데……. 그 많은 사람들이 단두대에서 목이 잘려 나가도 한 마디 없더니 느닷없이 눈 타령은……. 치, 그나저나 세상이 어떻게 돌아가는 거야. 너무 복잡해."

　깃털 달린 모자를 깊게 눌러 쓴 금발의 신사가 못마땅하다는 듯 한 마디 내뱉고는 다시 술을 들이켰다.

　"어이! 오래 기다렸지? 미안해. 그 대신 달랑베르에게 멋진 소식을 가지고 왔다네."

　약속 시간에 늦은 청년이 막 내리기 시작한 눈을 털며 자신의 일행이 모인 테이블로 다가왔다.

　"멋진 소식?"

　창 밖을 내다보던 청년은 자신의 이름이 불리어지자 놀란 듯 고개를 돌려 테이블을 쳐다보았다.

　"정부에서 측량 사업을 다시 시작하기로 결정을 했다네."

　　"그래? 잘 됐군. 하지만 그 일이 달랑베르에게 기막힐 정도의 멋진 일이라는 거야?"

　　"내 말을 끝까지 들어보라고. 저어, 그 측량 사업을 실행하기 위한 토지측량 탐험단의 탐험대장에 달랑베르가 뽑혔어."

　　테이블을 둘러싼 청년들이 쉴새없이 쏟아내는 설명에 어리둥절하다는 듯 서로의 얼굴을 살피기만 했다. 그리고 곧 방금 일어난 일의 상황을 이해한 듯 고개를 끄덕이며 달랑베르에게 다가가 축하 인사를 하였다.

“와아, 정말 축하해. 얼마나 영광스러운 일인가! 아무튼 자네는 행운아라니까!”

“응.”

그러나, 달랑베르 본인은 여전히 어안이 벙벙한 듯 멍하니 주위를 돌아보았다.

‘믿을 수 없어. 내가 탐험단의…….’

자신을 향해 웃음짓는 동료들의 표정은 달랑베르에게 현기증을 일으키게 했다. 그는 속이 울렁거림을 느꼈다.

Ⅲ

달랑베르는 프랑스의 유능한 측량학자이자 모험가였다. 낯선 새로운 일에 끊임없이 도전하는 것을 즐기는 그였지만 다른 모험가들과는 달리 매우 조용하였다. 소심하게 보이기까지 하는 그는 많은 사람들이 왁자지껄하게 부산스러운 파티를 즐기는 가운데도 아무 말 없이 실내의 화려한 샹들리에 불빛만을 바라보곤 하였다.

“아무튼 달랑베르 저 친구는 그 속을 알다가도 모르겠어. 저렇게 부끄러움을 많이 타고, 사람들과 잘 어울리지 못하면서 어떻게 곳곳을 여행할 수 있는 거지?”

“맞아! 위험한 일인데…….”

그의 친구들은 달랑베르의 성격을 두고 저마다 한 마디

씩 내뱉었다.

그러나 소심한 달랑베르의 성격이 주는 장점도 있었다. 그는 매우 여성적이었다. 아주 작은 일에도 세심한 관심과 배려로 실수 없이 일을 처리했고, 부드럽게 베이스톤으로 내뱉는 그의 목소리는 사람들을 매혹시켰다. 더군다나 정치인들보다 더 능숙하게 연설을 잘 하였다.

거칠고 대담해야만 가능할 것 같은 세계의 탐험을 달랑베르는 자신이 지닌 능력을 잘 이용하여 멋지게 이루어 내곤 했다.

이러한 달랑베르의 능력을 인정한 프랑스 정부는 1791년 막대한 재정을 쏟아 부으며 중요한 임무를 맡겼다.

달랑베르에게 맡겨진 기준선인 자오선 측량 사업은 매우 힘들고 어려운 일이기는 했지만 반드시 성공해야 하는 비중 높은 작업이었다. 정확성을 요구하는 측량 사업은 프랑스 정부가 엄청난 인원을 지원하며 전개되었다.

이 사업이 성공적으로 이루어지게 된다면 분명 그 동안의 영토 분쟁 싸움으로 생겼던 혼란을 막을 수 있는 일이었다. 또한, 지역마다의 다른 무게, 미터법을 통일시켜 경제적 손실도 줄일 수 있었다. 이렇듯 중요한 일이 프랑스에 의해 또 측량기술자 달랑베르에 의해 이루어졌다.

IV

　　바다 저 끝에서 불어오는 따뜻한 바람은 육지에서 느낄 수 없는 상큼함이 있었다. 간간이 바람에 섞여 퍼지는 바다의 비린내는 오랫동안 배 위에서 지낸 달랑베르의 향수를 자극했다.

　　'지금 고향에 계신 어머님은 무얼하실까? 어머님과 헤어져 여행을 시작한 지도 벌써 반년이 다 되어 가는군.'

　　저 멀리 보이는 육지의 나무들은 빛을 받아 초록색의 물결을 이루고 있었다.

　　6개월의 시간 동안 달랑베르는 곳곳을 다니며 많은 사람을 만났고, 그가 살던 도시에서는 겪지 못한 시골 여인들의 후한 정도 경험하였다.

　　그러나 그의 눈앞에는 언제나 기분 좋은 일만이 기다리고 있진 않았다. 그를 힘들게 한 것은 1789년 일어난 프랑스 혁명의 잔재들이었다. 프랑스 국민들은 부패하고 타락한 왕족, 귀족들에게 심한 반감의 후유증에 시달렸다.

　　국민들에게 왕족은 선망과 존경의 대상이 아닌 국민들의 고혈을 짜내는 흡혈귀 같은 존재에 불과하였다. 또한 왕족과 손을 잡고 사치스러운 생활을 해 온 왕당파 귀족들은 처단의 대상이었다.

혁명 이후, 2년의 긴 시간이 지났지만 초기의 혼란은 수그러지지 않았다. 그런 상황 속에서 처음 보는 희귀한 측량 기구를 끌고 나타난 달랑베르를 곱게 보는 사람은 없었다. 어느 곳에서나 의심과 경계의 시선을 늦추지 않았다.

그러한 어려움을 이겨내며 측정 사업을 진행시켰고 마지막 측정지인 프랑스의 중소도시 당게르크에 도착했다.

"단장님! 방금 닻을 내렸습니다."

항해사가 달랑베르를 향해 외쳤다. 멍하니 마을 쪽을 바라보던 그는 목끝의 금빛으로 빛나고 있는 단추를 채우고는 줄을 맞춰서 일렬로 서 있는 단원들에게 이야기했다.

"여러분, 그 동안 고생 많았습니다. 이 곳 당게르크가 우리의 마지막 목적지입니다. 최후까지 최선을 다해 주십시오."

달랑베르가 말을 마치자 십여 명씩 짝을 지은 사람들이 보트에 몸을 실었다. 그리고, 육지를 향해 힘차게 노를 젓기 시작하였다.

V

"이를 어쩌나, 큰일입니다. 큰일! 폭동이 일어났어요. 마을 주민들이 난동을 부린다고요."

탐사 일원 중 가장 노련하기로 소문난 예베로토가 이마에 붉은 피를 흘리며 뛰어들어왔다. 그 동안 측정했던 곳의 지도를 펴놓고 검토하던 달랑베르는 비틀거리며 들어온 예베로토를 보고 놀라 자리에서 벌떡 일어섰다.

"폭동이라니요?"

"모르겠어요. 대장님 지시대로 통나무로 만든 사다리에 올라 휜기를 달고서 길이 측정을 시작한 지 30분 정도 지나니까 사람들이 낫, 곡괭이 등 농기구들을 들고서 막 소리지르며 달려오지 뭡니까?"

"무슨 이유로요?"

"저희도 모릅니다. 난데없이 당한 일이라 정신없이 도망쳐 온 걸요. 대장님도 어서 피하세요. 지금 이 곳으로 몰려오고 있어요."

상황 보고가 채 끝나기도 전에 밖에서 날아든 돌멩이가 유리창을 깼다.

"이 왕당파 도적놈들! 이리 나와라. 겁도 없이 스파이 짓을 하다니……."

"와아아! 나와라!"

"죽이자!"

밖은 마당을 가득 메운 마을 사람들의 성난 아우성으로 들끓었다.

"이, 이런. 이제 어쩌지요? 저들이 우리를 죽이고 말 겁니다. 전 여기서 죽을 수 없어요!"

달랑베르는 예베로토의 울부짖음을 듣자 정신이 혼미해짐을 느꼈다. 숨이 막혀 왔다.

"이, 이 무슨 일이지? 산 넘어 산이라고 하더니……."

그러나, 그는 정신을 가다듬고 마당으로 몸을 옮겼다. 달랑베르가 주민들 앞으로 나오자 그를 향해 감자, 계란 돌멩이들이 사방에서 날아들었다.

돌을 맞은 그의 이마에서 붉은 피가 솟아올랐다.

"끌어내려! 저 놈을 죽여!"

성난 군중들은 달랑베르를 향해 비명에 가까운 소리를 질렀다.

"여러분! 진정하세요. 잠시만 저의 말을 들어주세요. 저희는 결코 왕당파의 일족이 아닙니다. 저와 일행들은 프랑스 공화국 정부로부터 파견된 측량단입니다."

"어림없는 소리! 아직도 그런 소리에 우리가 속을 줄 알고……."

"아니에요. 자, 이것 보세요. 정부의 허가서입니다."

달랑베르는 가슴에 품어 오던 승인 도장이 찍힌 위임장을 보였다. 그러나, 마을 사람들은 믿으려 들지 않았다.

"그렇다면 저 사다리 위에 꽂은 흰 깃발은 무엇이오! 저건 당신들끼리만 주고받은 사인이지 않소!"

"그렇지 않습니다. 저것은 이 언덕의 사다리와 저 산꼭

세계공통 측정기준

대기의 긴 거리를 혼돈 없이 정확하게 보기 위한 설치물이
지요. 거리를 재는 데 산과 같은 높은 곳은 보통 교회의 첨
탑에서 했습니다. 그러나 그런 높은 첨탑 건물은 혁명때 불
에 타 사라져 버렸습니다. 그러니 사다리를 세우고 깃발을
단 거지요.”

달랑베르는 자신의 특유의 뛰어난 말솜씨로 흥분된 주
민들을 설득시켰다. 그리고 나서야 거리 측정을 무사히 마
칠 수 있었다. 그와 그의 탐험단원의 위험을 무릅쓴 노력
결과 측정 보고서의 작성이 완성되었다. 일행이 파리에 도
착했을 때, 다린 지역을 여행한 일행들의 보고서도 도착되
어 있었다.

그리고, 그들이 탐험을 마치고 돌아온 이듬해 1893년 8
월 미터 원기, 킬로그램 원기의 표준 측량법을 법률로써 제
정 발표하였다.

오늘날, 달랑베르와 그 일행이 목숨을 걸고 완성한 측
량법이 여전히 사용되고 있다. 난관 속에서도 찬란한 꽃으
로 피어나 오늘의 우리에게 많은 편리함을 주는 ‘미터법의
발명’ 이야말로 새로운 것을 찾아 도전하고 개척하는 인간
정신의 승리이자 발명의 정신이라고 할 수 있을 것이다.

☢마법의 탄환 606호

- 에를리히[8]의 살바르산 -

Ⅰ

606호로 명명된 신비의 명약 살바르산. '마법의 탄환'이라 불릴 정도로 살바르산의 위력은 대단하였다. 이것은 신체 내의 유해한 세균을 염색하는 것으로 질병을 치료하는 데 획기적인 영향을 주게 되었다.

페니실린의 발견자 플레밍이 "이만큼 신비스런 힘을 지닌 약을 본 적이 없다. 인류에게 이 606호 살바르산이 지대한 공헌을 할 것을 믿어 의심치 않는다. 이제 우리가 할 일은 606호가 보여주는 마술을 지켜보는 일만 남았다"라고 극찬을 아끼지 않았던 살바르산은 도이칠란트의 의학박사 에

---

8) 독일의 의학자·세균학자(1854~1915). 살바르산을 발견하고 1908년 노벨 생리의학상을 받음.

를리히에 의해서 발견되었다.

II

"음, 따라서 인체의 해부학 구조의 특징상……."

하얀 가운으로 가득 메워진 의과대생 강의실 한 귀퉁이에 교수의 말에는 아랑곳하지 않고 책상만을 뚫어지게 쳐다보는 젊은 청년이 있었다.

"이봐, 에를리히. 그러다 저 호랑이 교수님께 걸리면 어쩌려고 그래. 넌 저번에도 한번 지적받았잖아."

"알았어. 알았다고. 조금만 읽으면 돼."

청년 에를리히는 친구의 충고는 한쪽 귀로 흘려들으며 자신의 일에만 열중하였다.

'납중독에 걸린 동물의 조직을 몸 속에서 꺼내 또 다른 장소의 납이 녹아 있는 수조관에 담으면 그 역시도 심하게 납을 흡수한다?'

청년 에를리히는 며칠 전 어렵게 구한 호이헬 교수의 논문 '납중독과 신체와의 관계'를 읽고 있었다.

그는 최근에 배운 조직 염색법을 떠올리며 호이헬 교수의 논문에 강한 호기심을 가졌다.

'호이헬 교수의 논리대로라면 어쩌면 납에만 더 강하게 작용하는 조직이 존재하는 것이 아닐까?'

에를리히는 창밖을 내다보았다. 구름 한 점 없는 가을 하늘 위로 한 쌍의 원앙이 날아들었다.

"거기, 창가 셋째 줄에 앉은 사람. 미안하지만 자네가 지금 나의 강의를 듣지 않고 읽고 있던 그 종이를 가지고 나오게."

강의실의 적막을 깨고 교수의 노한 목소리가 에를리히를 향해 날아들었다. 딴 생각에 잠겨 있던 에를리히는 학생들의 시선이 일제히 자신에게 향해 오자 놀랐다.

"그거 봐. 내가 걸릴 줄 알았어. 이제 어떻게 하려고 그래."

조금 전부터 에를리히에게 수업을 들을 것을 말했던 친구 도미니크가 낭패의 빛을 띠며 중얼거렸다.

그 날의 강의실 사건은 에를리히가 반성문을 써서 제출하는 것으로 일단락은 되었지만 그의 소문은 곧 온 교정에 퍼졌다.

"멍청한 놈! 힘들게 의대에 들어와서 하는 짓이라곤 꼭 팔푼이 같다니까."

"아, 누가 아니래. 학비가 아깝다. 그 녀석은 혹시 아이큐가 모자라는 저능아 아냐? 하하하."

낙천적인 성격의 에를리히는 쉽게 교우들의 조롱의 대상이 되었다. 어느 새 그의 주위엔 하나 둘 친구들이 떨어져 나가고 외톨이가 되어 버렸다. 하지만 에를리히의 관심은 오로지 납의 성질에 관한 것뿐이었다.

　'납의 성질을 이용해 본다면 조직을 염색하는 일도 가능한 것이 아닐까? 그렇게만 된다면 사람들의 질병을 치료하는 일도 어려운 것이 아니게 된다. 그래, 힘은 들겠지만 조직을 염색하는 일에 대해 연구해야겠다.'

　이렇게 해서 에를리히는 살바르산(606호)을 만들어 내기 위한 첫발을 내딛었다.

　"그 바보 이야기 들었어? 이번엔 강의실엔 얼굴도 나타나지 않고 연구실에 처박혀 있다는 군."

　"정신병자 같으니."

　하지만 에를리히는 친구들의 경멸에 찬 소리에 아랑곳

하지 않았다.

Ⅲ

에를리히는 어린 시절부터 의문을 많이 가진 소년이었다. 그의 수없이 되풀이되는 질문들에 대하여 그의 어머니는 단 한번도 짜증내지 않고 어린 아들에게 이야기 해주곤 했다.

"엄마, 저게 뭐야? 저건 왜 저렇게 생긴 거지?"

드넓은 대지 위에서 자연을 친구 삼아 살아온 에를리히의 어린 시절은 경제적인 면은 제쳐두고라도 정신적인 면만큼은 풍족하였다. 자연을 사랑하고 수많은 동물들과 지내며 성장한 에를리히가 의학의 길을 택한 것은 운명이었다. 생명에 대한 애착이 강했던 소년 에를리히가 어느새 청년이 되어 의대에 입학하게 된 것이다.

에를리히는 그가 조직을 염색하기 위한 연구를 시작한 지 반 년이 지나서 졸업해야 했다. 아무런 결과 없이 보낸 그의 대학생활의 성적은 그리 좋지 못했다. 간신히 대학을 마친 에를리히는 학교 근처 연구실의 연구원 보조로 들어갔다.

그는 보조생활을 하는 틈틈이 조직 염색에 대한 연구를 게을리하지 않고 꾸준히 공부했다. 그의 그칠 줄 모르는 노력은 곧 좋은 성과로 나타났다. 에를리히는 생물체의 조각 조각을 염료로 염색하여 분별하는 데 성공했다.

그의 연구 결과는 에를리히에게 명예를 주었고, 그의 명성은 그를 비웃던 많은 사람들의 인식을 변화시켰다.

"그 친구 대단하군. 난 정말 그 친구가 그 정도의 능력을 가지고 있을 줄은 꿈에도 생각 못했어."

"우리가 에를리히를 너무 가볍게 여겼던 거야."

그 후 에를리히는 더욱더 조직 염색 연구에 심취했다. 그는 식사시간과 잠잘 시간을 잊고 지낼 정도로 연구실에만 틀어박혀 있었다. 그렇게 연구만 하던 에를리히는 새로운 균을 보게 된다.

IV

무더운 여름의 끝으로 긴긴 장마가 시작되던 8월의 오후. 여느 때처럼 저녁도 굶고 현미경을 들여다보던 에를리히는 한번도 본 적 없는 낯선 균을 발견했다.

"이게 뭐지? 한번도 본 적이 없는 건데……."

'처음부터 있었다면 내가 못 볼 리가 없는데……. 도대체 어디 숨어 있던 건가?'

나중에 그것이 결핵균이 색소에 의해 염색된 것이라는 걸 아는 데는 꽤 오랜 시간이 흘러야 했다.

"이봐, 에를리히. 자네 코흐 박사의 결핵균 강연 들으러 갈 거지? 그 사람 이번 결핵균에 관한 논문으로 꽤 인기를 얻었더라고……."

동료의 말을 듣던 에를리히는 고개를 끄덕였다.

솜구름이 춤을 추고, 햇빛이 거리를 향해 쏟아져내렸다. 아침을 먹는 둥 마는 둥하고 에를리히는 서둘러 옷을 챙겨 입었다. 코흐 박사의 강연을 듣기 위해서였다. 따사로운 햇빛이 그의 얼굴에 떨어졌고 간간이 플라타너스 나무의 잎들이 생명감을 더해 주고 있었다.

'날씨가 좋군. 오늘은 무슨 좋은 일이 생길 것 같아.'

에를리히는 왠지 마음이 들떴다. 그가 도착한 호린 산 근처의 강연장에는 아직까지 사람들의 모습이 보이질 않았다.

'후후, 너무 일찍 왔나?'

에를리히는 자신의 아이 같은 모습을 보자 웃음이 나왔다.

"어이쿠."

웃으며 걷다 보니 앞을 제대로 보지 못하고 사람과 부딪쳐 나뒹굴어졌다.

"아, 정말 죄송합니다. 제가 그만 실수했습니다."

에를리히는 부끄러움 때문이 얼굴이 화끈거리는 것을 느꼈다.

"괜찮습니다. 멀쩡한 걸요. 부주의했던 것은 저도 마찬가지고요."

먼지를 툭툭 털어 내며 일어서는 신사는 다름 아닌 코흐 박사였다.

언제가 신문에 실린 사진을 본 적이 있었다. 코흐 박사는 콧수염 아래로 흐르는 잔잔한 미소만큼이나 너그러운 마음을 지닌 사람 같았다. 에를리히는 자신의 눈을 의심한 듯 힘껏 눈을 부벼댔다.

"저어, 혹시……. 코흐 박사님 아니십니까?"

"하하하, 이런 저를 알아보는 사람이 있다니, 이거 정말 창피하군요."

코흐는 중절모를 도닥인 후 머리 위에 깊숙이 눌러썼다.

"안녕하십니까? 선생님, 전 에를리히라는……."

에를리히는 코흐와의 뜻밖의 만남으로 긴장하였다. 이런 만남은 에를리히로서는 단 한번도 기대하지 못했던 일이었다.

"에를리히? 혹시, 그럼 당신이 언젠가 조직을 염색해서 분류하는 데 성공한 그 청년 에를리히인가요?"

"예."

"오, 정말 반갑습니다. 이제서야 뭔가 대화가 통할 만한 사람을 만났군요."

에를리히는 코흐가 자신을 알아보는 것이 얼떨떨하였다.

"에를리히 선생, 이리 와 봐요. 보여줄 것이 있어요."

코흐를 따라간 곳은 강연장 뒷쪽에 마련되어 있는 코흐의 연구실이었다.

"자, 이 현미경을 들여다봐요. 그게 무슨 균인지 알겠어요?"

코흐가 가리키는 현미경 안에는 긴 막대 모양을 한 균이 있었다.

"글쎄요……."

"그게 바로 결핵균이지요."

"예? 결핵균이 이렇게 쉽게 보일 리가 없지 않습니까?"

"그렇지요. 조직을 분류하는 과정에서 약간의 염색이 가해진 형태예요."

순간 에를리히는 몇 주 전 자신이 연구하다 보았던 정체 불명의 균이 떠올랐다.

에를리히는 한 번 더 현미경을 들여다보았다.

"아!"

외마디의 탄성이 에를리히의 입에서 흘러나왔다. 자신이 보았던 균도 결핵균이었다. 에를리히가 그렇게 이 책 저 책을 뒤적이며 알려 했지만 알아내지 못했던 그 균(결핵균)이 염료에 의해서 염색이 된 것이라는 사실에 에를리히는 기가 막혔다. 에를리히는 곧 코흐에게 그 몇 주 전의 일을 설명하였다.

"그렇군요. 그럴 만도 해요. 결핵균의 형태야 워낙 알려진 바가 없고. 하지만, 이거 놀랍군요. 결핵균의 조직을 염색했다니……. 지금 당신이 현미경을 통해서 본 결핵균의 색이 내가 할 수 있는 최대한으로 염색시킨 거예요. 하지만 생각보다 색이 옅어서…….”

“저어, 선생님 며칠만 제게 기회를 주시겠어요. 제가 다시 한번 확실하게 염색해 보고 싶습니다.”

에를리히의 말을 코흐는 흔쾌히 승낙하였다. 그날 밤에 연구실에 돌아온 에를리히는 서둘러 여러 색소들을 대조해 가며 코흐에게서 얻어 온 결핵균을 염색하였다.

‘이것도 아냐. 이건 색이 더 흐리고…….’

에를리히의 집념은 대단했다. 마치 신들린 사람처럼 연구실의 불빛 아래서 연구에 몰두하였다.

얼마나 시간이 흘렀을까? 창가의 먼 산에서는 태양이 서서히 떠오르고 있었다.

“됐다!”

에를리히는 현미경 안을 들여다보다 소리쳤다. 현미경 안에는 선명한 빛을 띤 결핵균이 놓여 있었다. 코흐의 염색된 결핵균보다 훨씬 진한 색을 띠고 있었다.

‘성공이다!’

긴장감이 풀려서인지 에를리히는 순식간에 몰려드는 피로감으로 쓰러질 것 같았다. 하지만 더 이상 지체할 수 없다는 생각이 들었다.

에를리히는 창가로 걸어가 창문을 활짝 열었다. 상쾌한
공기가 에를리히의 연구실 안으로 쏟아져 들어왔다. 깊숙이
숨을 들이마신 후 옷을 챙겨 입었다. 코흐 박사의 연구실에
가야 했다.

"똑똑똑."

에를리히의 마음만큼이나 경쾌한 소리를 내며 문이 열렸다.

"선생님, 제가 가지고 온 것 좀 보아주시겠어요."

에를리히가 현미경 아래로 결핵 조직을 내려놓았다. 코
흐는 현미경을 들여다보았다.

"오! 이럴 수가? 자네……."

코흐의 눈에는 경이로움이 스며 있었다. 그리고 이런 일을 미리 예상하고나 있었다는 듯 고개를 끄덕였다.

"자네의 그 투지를 믿고 있었네. 다만 내가 놀란 것은 이렇게 단시간에 성공시킬 줄은 몰랐다는 거지. 자네 나와 함께 일해 볼 생각 없나?"

코흐 박사는 놀란 눈으로 자신을 향해 서 있는 에를리히에게 조용히 손을 내밀었다. 에를리히의 손이 코흐와 만났다.

V

코흐 연구실에 들어간 후 에를리히의 조직 염색에 대한 연구는 그 빛을 더해만 갔다. 우린 여기서 에를리히의 능력을 되짚어 볼 필요가 있을 것 같다.

그가 학생시절부터 생물체의 조직을 염색하는 일에 얼마나 많이 열중했는가 보여주는 좋은 예이다.

"그래, 미안하다. 하지만 어쩔 수 없어."

청년 에를리히는 흰토끼의 두 귀를 잡은 채 사람과 대화하듯 조용히 속삭였다. 곧이어 에를리히는 주사 바늘을 토끼의 혈관에 주사했다. 주사기 안에는 메릴렌블루라는 색소가 들어 있었다. 토끼의 혈관을 통해 흐르는 색소는 희한하게도 신경만을 푸르게 물들였다.

　이렇게 청년 에를리히는 일찍부터 염색에 관해서는 남다른 관심을 나타냈다. 이러한 것들은 남보다 화학을 많이 아는 방대한 지식의 결과이기도 했다.

　당시의 도이칠란트의 생활은 네 발 달린 가축들에 의존해서 사는 생활이 대부분이었다. 도시가 아닌 농촌의 경우는 더욱 그러했다. 예를 든다면 치즈와 우유 등의 생산을 위한 젖소라든가 중요한 교통수단의 하나이던 말, 그 밖의 양, 개…… 등.

　하지만 이들 가축들을 위협하는 트리파노소마라는 병균이 짧은 시간 동안 가축들의 목숨을 앗아갔다. 이 병에 걸린 짐승들은 숨도 한번 제대로 쉬지 못한 채 쓰러졌다.

　에를리히의 관심은 이 트리파노소마병에 맞춰졌다. 에를리히에게 또 다른 목표가 정해진 것이었다. 에를리히는 서둘러 트리파노소마병에 걸린 쥐를 구했다. 우선 에를리히가 해야 할 일은 트리파노소마의 병원체를 확인해야 하는 일이었다.

　그가 구한 쥐의 혈액 속에서 트리파노소마의 균을 쉽게 찾을 수 있었다. 적혈구의 2배 이상의 크기로 왕성한 운동력을 자랑하며 꿈틀거렸다.

　곧이어 에를리히는 수많은 실험용 쥐를 구입하였다. 수십 종의 염료가 쥐에게 주사되었다. 어느 쥐는 요란한 소리를 내며 쓰러졌고 또 어떤 쥐는 털이 빠지고 피부색이 변한 후 죽어 갔다. 실험의 결과를 기다린다는 것이 매우 초조하게 느껴졌다. 그러던 가운데 시간이 지날수록 기운을 찾고 회복하는 쥐가 발견되었다. 벤조프트프린 색조를 주사한 쥐였다.

결과는 성공이었다. 일명 '마법의 탄환'이라 불리는 트리판로트의 탄생이었다. 이 약이 학계에 발표되자 한동안 침체의 늪에서 벗어나지 못하던 화학자들은 그 움직임을 활발히 하였다.

"그래, 이제부터가 시작이다."

에를리히는 굉장한 자신감이 생겼다.

곧이어 에를리히는 인간에게 해가 되지 않도록 깊이 있는 연구를 했다. 그의 집념은 동물들에 그친 것이 아니라, 질병으로 고통받는 인간에게로 이어졌다. 그의 박애 정신이 인류에게 질병의 고통으로부터 벗어나도록 밑거름이 되었다.

'나는 의학을 공부한 사람이다. 새로운 논리와 이론을 만들어 내기만 해서는 안 된다. 내 땀의 결실이 인류를 위한 일이어야 한다."

이런 결심에서 실험을 계속했고, 그 결과로 얻은 것이 '마법의 탄환', 스피로헤타 매독의 치료제였다. 에를리히의 연구는 주도 면밀했다. 그 이유 중의 하나가 사람에게 사용된다는 것이기 때문이었다.

"박사님, 어떻습니까? 이것도 물론 아니지요?"

연구실의 조수는 에를리히의 근심 어린 표정을 살폈다. 며칠째 잠을 못 자 피곤이 눈에 보이는 에를리히의 모습을 초췌하였다.

"매독 스피로헤타는 원생동물도 아니고 세균도 아니지. 이미 알려진 바로는 아톡실이 트리파노소마를 죽인다고 알고 있지만, 이것은 인체의 시신경을 건드려 실명하게 한다네. 왤까?"

에를리히가 의문을 풀지 못하는 부문이었다. 의문의 혹이 커질수록 그의 노력은 흔들렸다.

'혹시 시신경이 다치는 깃은 약의 분자와 시신경의 분자가 결합하기 때문이 아닐까?'

울긋불긋한 꽃들로 가득한 산책로를 걷던 에를리히는 순간 떠오른 생각에 연구실로 달려 들어갔다. 그는 조그만 가능성이라도 붙잡아 보려고 시도했다. 이것저것 따져서 자신의 입맛에 맞게 고를 수는 없는 일이었다. 에를리히는 때로는 음식에 맞춰서 자신의 입맛을 변화시켜야 한다는 것을 알고 있었다.

이렇게 에를리히의 예상은 적중하고 말았다.

"이보게, 이 비소 화합물들을 토끼의 몸 속에 주사하게. 그리고 난 후 토끼의 상태를 관찰해서 보고해 주게."

연구진들의 관심은 비소 화합물을 주사한 토끼 가운데 살아 있는 토끼였다. 살아남은 토끼들에게 주사했던 비소 화

합물들은 1차관문을 통과하였다. 그리고 2차로 1차관문을 통과한 비소 화합물과 매독균을 섞어 그 상태를 관찰했다. 이렇게 수없이 반복된 실험에서 남은 약을 토끼에게 투입해 보았다. 그 많은 수의 토끼가 하나 둘 피를 토하며 쓰러졌고 토끼의 수가 줄어들수록 에를리히는 착잡할 뿐이었다.

'이것도 실패인가?'

실의에 빠져 있던 에를리히에게 행운이 찾아왔다. 주사를 맞았던 23번째 토끼에게 청신호가 나타난 것이었다. 약간의 고통을 호소했지만 토끼는 시간이 지날수록 건강을 회복했다. 성공이었다. 그외 오랜 고통 끝에 얻은 진주와 같은 빛나는 결실이었다.

에를리히의 606호 살바르산은 수많은 매독환자들을 구했다. '마법의 탄환' 606호는 에를리히가 평생을 바쳐 이룩해 놓은 결실이었다. 결코 어려움을 어려움으로 느끼지 않고 새로운 희망으로 이어지는 계단에 불과하다고 말해 왔던 에를리히.

그의 말이 지금의 우리 마음에 메아리친다.

"용기 있는 자는 결코 포기하지 않습니다. 어떤 어려움도 포기하는 것은 비겁한 행동입니다. 그것은 자신의 인생을 포기하는 것과 다를 것이 없습니다. 부끄럽지만 전 제 인생을 단 한번도 포기하지 않았습니다. 포기할 정도의 어려움은 수도 없이 많았지만 말입니다."

♣마법의 탄환 606호

⚡ 100년 전의 경사

- 베크렐[9]의 방사능[10] -

Ⅰ

“우라늄의 결정체에서 나타나는 X선의 강렬한 빛은 이전의 X선보다 훨씬 강력한 빛을 발하는 것으로 보이며, 이는 많은 실험을 통해서 확인되고 있습니다.”

흰 눈으로 뒤덮인 1896년 2월 24일.

파리에서 열린 정기 과학 파리학회에서는 한 전기 물리학자의 보고서로 긴장감이 감돌고 있었다. 술렁거리는 총회의 분위기와 과학자들의 어색한 인사에는 아랑곳없이 보고를 마친 젊은 물리학자는 당당하고 힘찬 걸음걸이로 강단에

---

9) 프랑스의 물리학자(1852~1908). 방사능 연구의 선구자로 1903년 노벨 물리학상을 받음.

10) 물질이 스스로 방사선을 방출하는 성질.

서 내려왔다.

그의 표정에서 당황하는 모습은 전혀 찾아볼 수 없었다. 젊은 물리학자의 얼굴은 확신으로 가득찬 자신감과 신뢰성이 느껴졌다. 그는 강단 아래로 길게 늘어서 있는 붉은 카펫 위에 선 채 예의바른 인사로 주위를 둘러보았다.

자신의 신념에 대한 강한 믿음으로 강한 빛으로 눈을 반짝이던 이 사람이 바로 19세기 말 프랑스의 물리학의 기초를 다진 물리학자 앙리 베크렐이었다.

II

"베크렐 서, 선생……."

"어쩌자고 당신 겁도 없이……."

그를 바라보는 사람마다 걱정스러운 표정으로 난감해하며 말을 잇지 못했다. 방금 벌어진 일들이 믿어지지 않는다는 듯 강단 위는 당황한 사람들로 어지러웠다.

앙리 베크렐은 프랑스의 물리학자로서 인광, 적외선 스펙트럼의 연구 및 우라늄 광선에서의 방사선의 발견으로 물리학의 기초 과학을 닦은 위대한 학자였다. 하지만, 그가 물리학자로서 주위의 인정을 받기까지는 많은 어려움이 그를 기다리고 있었다. 젊은 시절의 베크렐은 기존 물리학계를 지배하는 나이 많은 학자들에게는 안하무인의 애송이에 불과했다. 그런 베크렐이 준 우라늄 방사선의 연구 발표의 파문은 오랫동안 가라앉을 생각을 하지 않았다.

"저 친구, 미쳤어. 아니, 그렇지 않고서야……."

"그건 그래. 많은 과학자들이 잘난 척하며 자신들도 X선과 비슷한 광선을 발견했다고 떠들다가 망신을 당한 이 마당에 어떻게 겁도 없이……."

"내 말이 그 말이야. 한동안 X선의 발견자 뢴트겐 선생이 한숨 놓고 있었는데. 어디, 이거 살얼음판 위에 선 것 같아서……."

앙리 베크렐이 발표한 내용은 뢴트겐의 X선 이후, 우라늄 방사선 발견으로 이어지는 연구 결과였다.

뢴트겐의 X선 발견은 그 당시의 의학계는 물론 물리학의 커다란 사건이었고, 그 이후 수많은 과학자들이 저마다 또 다른 X선 광선을 발견하기 위해 갖가지 연구 결과를 발표했다. 그러나, 연구 보고서의 최종적인 평가는 모두 잘못되고 근거 없는 실험들에 불과하였다.

철저한 재실험과 정확한 결과를 요구하는 과학의 세계에서 인기만을 생각하며 연구에 참여하는 젊은 과학자들의 무책임한 행동은 비판을 받았다.

이런 사건 속에서 젊은 학자들의 신뢰의 문제, 책임의 문제가 크게 거론되었다. 그 가운데 뢴트겐은 그 누구보다도 젊은 학자들을 향해 자중할 것을 강조했다.

"쉽게 호기심으로 불을 질러 보는 어린아이들같이 신중하지 않은 학자들의 행동은 연구의 자율성을 떠난 용기의 지나침이자, 자신의 지식을 너무 믿어 버리는 오만함의 극치이다. 더 이상 방관해서도 너무 많은 자유를 허용해서도 안 된다. 자유는 책임이 뒤따를 때 아름다운 것이다."

뢴트겐은 성명서를 통해 무분별한 연구 보고를 신랄하게 비판하였다.

그 후 폭풍 전야의 긴장감이 감돌던 학회에 베크렐의 주장은 화약고에 불을 당기는 결과를 초래했다.

"이보게들, 저기 뢴트겐 선생의 표정을 보라고. 붉으락

푸르락 터지기 일보 직전의 풍선처럼 부풀어올랐군."

"정말, 큰일이야. 저번에도 뮌헨 대학의 크레츠 교수가 G선의 광선에 대해 이야기했다가 뢴트겐 선생 때문에 사람들의 웃음거리가 되었잖아."

"이건 좀 심한 것 같은데. 어째서 모두들 뢴트겐 선생의 표정을 살피는 거지? 어쩌면 베크렐이 발견한 광선이 정말 존재할 수도 있다는 것을 인정하지 않는 거야?"

"맞아, 그도 철저하고 신중하기로 말한다면 둘째가라면 서러울 사람인데……."

베크렐의 연구보고는 결국 물리학계의 두 계파간의 싸움으로 번지게 되었다. 하나는 뢴트겐 지지자들의 모임이었고, 또 다른 하나는 베크렐 지지자들이었다.

"어쨌거나 방사선이 증명되기 전까지 이 곳 분위기가 살벌할 거란 것은 분명하다구. 왠지 괜한 싸움의 시작인 것 같아. 닭이 먼저냐, 달걀이 먼저냐."

사실 끊임없이 변화, 발전하는 과학의 신비스런 힘을 본다면 어느 하나의 학설을 믿어 버리거나, 무시하는 일은 큰 의미가 없는 일이었다. 베크렐이 이런 일을 깨닫게 되는 데는 많은 시간이 지나야 했고, 또 많은 것을 잃어야 하는 아픔도 겪었다.

베크렐의 방사선은 분명 존재하는 것임을 우리는 알고 있다. 그러나, 이미 우리가 알고 있듯 그의 방사선은 사회의

냉대를 받아야 했고, 사람들의 기억 속에서 잊혀져야 했다. 그런 방사선이 알려진 것은 연구 결과가 발표된 지 2년이 지난 1898년의 일이었다. 또한 '방사선'이라는 이름도 많은 시간이 지난 후 얻었다.

더욱 빨리 진행될 수도 있었던 우라늄 방사선은 이렇게 결과, 성과만을 중요하게 여기는 이들로 인해 많은 손해만을 남겼다. 방사선의 폭넓은 사용과 엄청난 에너지로 본다면 2년은 2라는 숫자의 의미보다 더 많은 잠재력의 후퇴를 의미하는 것이었다.

Ⅲ

"쳇, 난 도저히 이해할 수 없어. 아니, 왜 모두들 고양이 앞에 놓인 쥐들처럼 바둥거리며 무서워하는 거지?"

"이봐 베크렐, 그렇게 흥분할 것 없다고!"

"그래, 그 동안 어떤 일들이 벌어졌었는지 자네도 다 알고 있잖아. 이번 일이 있기 전에는 자네도 무분별하게 연구 결과를 발표한 과학자들을 맹렬히 비판했잖아."

"그래도 자네는 우리들에 비하면 인정과 신임을 받는 축복받은 사람이야. 비록 일이 꼬이긴 했어도 결코 자신의 싸움에서 후퇴하는 실수는 저지르지 말게. 분명 자네의 광선에 관심을 갖는 사람들이 많이 있을 거야."

그러나, 그 어떤 말도 상처받은 베크렐을 위로하지 못했다. 베크렐은 붉게 상기되어 일그러진 얼굴을 창밖으로 돌린 채 거친 숨만 내몰아 쉬었다. 그의 귀에는 아무 소리도 들리지 않았다. 다만, 끊임없이 떠오르는 학회에서의 일들이 그를 괴롭혔다.

창밖으로부터 불어오는 막바지에 이른 겨울 바람이 윙윙거리며 그의 귓가에 맴돌았다. 멀리 보이는 플라타너스의 갈색 나뭇잎이 겨울 바람에 흐느적거리며 춤을 추었다. 누렇게 들뜬 나뭇잎은 외롭게 혼자 남아 혹독한 겨울과의 싸움을 이기기 위해 몸부림쳤다. 베크렐은 서리가 내려앉은 창밖을 통해서 겨울 풍경을 바라보았다.

'많이 힘들고 외롭겠구나!'

나무를 바라보는 고정된 베크렐의 눈빛은 안타까움으로 가득하였다. 그러나, 베크렐의 걱정과 달리 나뭇잎은 바람의 흐름에 순응하며 자신의 자리를 꿋꿋하게 지키고 있었다. 그 순간, 앙리 베크렐의 눈가에 촉촉한 물기가 감돌았다. 작은 깨달음이 그의 마음 속에 물결치며 밀려왔다.

'아! 저 색바랜 힘없는 나뭇잎조차 지금의 거센 겨울 바람을 최선을 다해 이겨내고 있는데, 난……'

'그래, 다시 연구를 시작하자! 백 번이고, 천 번이고 그들이 믿을 때까지.'

자신을 괴롭히던 많은 걱정, 근심이 하나의 의지로 정

리되자 베크렐은 바로 실험을 시작하기 위한 준비를 서둘
렀다.

Ⅳ

앙리 베크렐은 용기와 신념이 있는 과학자였다. 주위의
걱정과 따가운 눈총을 물리치고 자신이 믿는 것을 끝까지
지켜내는 그의 태도는 주위 사람들의 존경을 받았다. 또 그
는 강한 정신력의 소유자이기도 하였다.

이러한 그의 삶을 대하는 행동 철학은 아버지와 할아버
지의 교육의 결과였다. 베크렐의 할아버지 앙토앙은 전기를
연구하는 과학자로 유명한 인물이었고, 아버지 역시 빛과
전기를 연구한 과학자 집안이었다. 그의 가족들은 과학에
대한 열정으로 서로의 길을 인정하며 돈독한 가정의 사랑을
주고받았다. 이런 가정에서 성장한 베크렐이 3대로 이어지
는 과학자의 길에 들어선 것은 당연한 결과였다.

어린 시절의 베크렐은 평범한 소년이었다. 공부하기를
싫어하고 친구들과 뛰어 노는 모습, 짓궂은 장난 등……. 유독
장난이 심했던 어린 베크렐이었지만 과학, 실험 시간이 돌
아오면 커다란 눈을 반짝였다. 갑자기 변하는 어린 소년의
진지함은 주위의 사람들을 당황스럽게 했다.

그에게 있어서 실험은 어떤 의식과도 같은 것처럼 느껴

졌다. 고요하지만 긴장하고 있었고, 하나하나 움직이는 어린 소년의 손길은 부드럽고 섬세하게 느껴졌다.

그렇게 베크렐의 유년 시절과 학생 시절이 지나갔고, 그는 평범한 성적으로 고등학교를 마쳤다. 그리고 그는 곧 대학에 입학하였다. 그 넓은 세계의 생활의 시작은 그의 잠재된 호기심을 자극했고, 그만큼 연구에 쏟아 붓는 그의 시간과 땀은 늘어만 갔다.

특히, 베크렐이 관심을 가진 분야는 그의 할아버지, 아버지가 연구했던 빛의 광학적 연구에 관한 것이었다. 이 때부터 앙리가의 3대에 걸친 빛의 연구가 시작되었고, 그 영광은 베크렐에 가서 빛을 발하게 되었다.

어느 날 오후.

따스한 햇살이 무지갯빛을 나타내며 그의 작은 창틈새로 스며 들어왔다. 세상은 금방이라도 금빛, 은빛의 동화 속으로 빠져들 것 같았다. 창가에 빽빽이 들어선 시험지 뭉치들을 비웃기라도 하듯 햇살은 군데군데 작은 실오라기의 형태로 가느다란 빛을 뽑아 보였다.

앙리 베크렐은 검은 뿔테 안경을 벗어 탁자 위에 내려 놓았다. 그리고, 손가락으로 그의 양미간을 가볍게 눌러보았다. 벌써 며칠째 냄새나는 연구실에 틀어 박혀 있던 터라 순간 밀려오는 피곤함이 그의 어깨를 힘껏 내리누르고 있었다. 베크렐은 가볍게 자신의 양 어깨를 이리 저리 흔들었다가 두 팔을 하늘 위로 뻗어 기지개를 폈다.

"아, 아하함."

긴 하품이 나왔다. 주위는 너무나도 고요하였다.

"똑똑똑! 선생님, 선생님!"

무료함을 달래기 위해 몸을 일으키려는 순간, 거친 노크 소리에 멍했던 정신이 맑아졌다.

"누구요?"

베크렐이 문을 열자, 그의 눈앞에는 어색해 보이는 큰 모자를 눌러 쓴 우편 배달부가 서 있었다.

"베크렐 선생님이죠? 파리에서 전보입니다."

"아, 예. 감사합니다."

베크렐은 작은 종이 쪽지를 들고, 방으로 들어와 연구실 한 귀퉁이에 놓인 1인용 간이 침대 위에 걸터앉았다.

'전보! 무슨 일이지?'

파리라면 그의 가족이 사는 곳이었다.

베크렐은 얼마 전부터 가족과 떨어져 혼자 연구 활동을 해 왔다. 가끔 그의 어머니가 예고 없이 찾아와 어머니들 특유의 잔소리를 늘어놓기는 했어도 전보를 치는 일은 없었다. 갑자기 설명할 수 없는 불안감이 밀려들었다. 천천히 전보를 읽어 내리는 베크렐의 손가락이 가늘게 떨리고 있었다.

'에드몽드 베크렐 사망. 급히 돌아오기를 바람.'

“이, 이런! 아, 아버지…….”

베크렐의 정신적 지주이자, 동반자였던 아버지의 죽음을 알리는 전보 쪽지는 그의 손을 미끄러지듯이 빠져나와 바닥 위로 떨어졌다.

슬퍼할 겨를도 없이 그의 머릿속에는 슬픔에 오열하고 있을 어머니의 모습이 떠올랐다. 그리고는 곧 가방을 챙겨 파리행 기차에 몸을 실었다.

에드몽드는 베크렐에게 있어 훌륭한 아버지였고, 신뢰하는 동료였다. 늘 말없이 자신의 자리에서 훌륭한 조언과 격려를 아끼지 않던 아버지를 잃은 베크렐에게는 지옥 같은

날들이었다. 중년의 나이에 찾아온 죽음에의 공포, 자연의 힘에 굴복할 수밖에 없었던 그가 다시 연구의 강단 위에 설 수 있었던 것은 그의 아버지의 알 수 없는 힘이 인도한 덕분이었다.

죽는 그 날까지 일손을 놓지 않았던 에드몽드의 파리 박물관의 물리학 교수직을 베크렐이 맡게 된 것이었다. 눈에 보이지 않는 강한 부자의 끈이 그를 붙잡고 있었다.

아버지의 못다 이룬 꿈을 실현시킨다는 목표를 세운 후, 아버지가 머물던 연구실을 바쁘게 오가며 또 다른 자신의 꿈을 키워 갔다.

V

'강한 인광을 지닌 물체에는 어떤 것들이 있을까? 과연 뢴트겐의 X선만이 인광을 낼 수 있는 것일까?'

얼마 전부터 인광에 관한 본격적 연구를 시작한 베크렐에게 가장 커다란 문제점은 방전시 생기는 인광을 지닌 물질을 찾아내는 것이었다. 그가 인광 연구를 시작한 데는 강한 확신이 있었기 때문이었다.

'그래, 분명 X선 외에도 빛을 내는 물질이 존재할 것이다.'

이런 확신과 믿음이 베크렐을 몇 개월째 이 구석진 연구실에서 꼼짝 못하게 만들고 있었다. 그가 유독 이 인광 연구에 몰두하는 데는 두 가지 이유가 있었다. 그것은 그의 신념과의 싸움인 동시에 그의 아버지가 정열을 쏟은 연구였기 때문이다. 하지만, 많은 노력과 땀, 시간을 투자했지만 이렇다 할 만한 결과를 얻지 못했다.

많은 실험 가운데 인광을 내는 물질들을 찾아내고 그것들을 분류하는 데 성공한 것에 만족해야만 했다. 그가 발견한 물질들은 하나같이 빛이 약하거나 쉽게 사그라져 버렸다.

'이런, 이것도 이렇게 사라지는군. 빛(전기)을 쬐는 동안만 빛을 발하다니……'

'좀더 강력한 빛! 큰 에너지원이 될 만한 물질이 필요하다. 그리고 그것은 분명 어딘가에 존재하고 있을 텐데.'

베크렐은 자신을 위로하고 격려하며 마지막까지 최선을 다했다. 그렇게 시간은 흘러갔다.

그러던 어느 날, 사흘 전에 내린 눈송이들이 채 녹아 없어지기 전인 1892년 2월, 우연하게 집어들어 실험에 사용했던 우라늄 화합물이 그의 몇 달간 계속된 연구에 종지부를 찍는 계기를 마련해 주었다.

"이 녀석, 네가 나의 마지막 희망이다. 제발, 이 아버지를 실망시키지 말아라."

실험실의 한 귀퉁이에 서 있는 베크렐은 자신의 손바닥을 향해 조용히 중얼거렸다. 조심스럽게 돌아서는 그의 손바닥 위에는 우라늄 화합물 덩어리가 담긴 유리 그릇이 놓여 있었다.

　그는 유리 그릇을 조심스럽게 검은 건판이 놓인 창가로 가지고 갔다. 그리고 그 우라늄 화합물을 검은 건판 위로 내려놓았다. 우라늄이 놓인 검은 건판 위로 따스한 햇빛이 계속 내리쬐고 있었다.

　다음 실험 준비가 끝나자 베크렐은 건판 위의 우라늄 화합물을 한 곳으로 옮겨 놓았다. 그 순간, 검은 건판 위에서 한 점이 강하게 빛을 냈다. 그 부위는 분명 우라늄이 놓여 있던 자리였다.

　"호오? 이것 봐라. 검은 건판이 반짝인다? 어떻게 된 일이지?"

　"혹시, 아까 실험 도중에 이물질이 날아든 것인가?"

　베크렐은 실험을 했던 주변을 둘러보았다. 주위는 깨끗했고, 며칠 전 해 놓은 청소 덕에 책들도 깨끗이 정리되어 있었다.

　'이상하군. 창문도 열지 않았고, 문도 닫혀 있는데……. 그렇다면 이 우라늄 덩어리가 어떤 물질을 쏟아 내는 것일까?'

　그러나, 계속된 의문에도 건판이 빛을 발한 이유를 알 수 없었다.

　'이것도 아닌데. 그럼 뭐지? 도대체 무엇이 이 검은 건판을 이렇게 감광시킨 것일까?'

'혹, 혹시!'

베크렐은 3개월 전 떠들썩하게 세상을 놀라게 했던 사건을 기억해냈다.

'그래. 바로 그거야! 내가 왜 이 생각을 하지 못했지? 인광을 내는 물질에만 치중하느라…… 이 우라늄 화합물도 X선처럼 검은 건판을 꿰뚫는 어떤 빛을 쏟아 내는 것이다!'

바로 이 빛이 방사선이었다. 현대의 의학 및 여러 공업의 에너지로 이용되는 방사선이 탄생되는 순간이었다. 그러나 그 당시의 베크렐은 이것이 방사선인지 몰랐고, 과학자들 사이에서도 인정받을 수 없었다. X선의 인기와 그 유용성에 비해 이 방사선은 너무나 초라하게 세상과 첫만남을 가졌다. 그리고, 이 방사선은 후에 퀴리 부인에 의해 활발한 연구가 이루어졌다.

오랜 시간이 지나서 앙리 베크렐은 우라늄이 햇빛을 쐬지 않더라도 스스로 빛을 발광한다는 사실을 발견하였다. 비록 많은 인기를 얻지 못했지만, 그의 연구는 퀴리가 방사능 우라늄을 연구하는 데 귀중한 기초적 자료로 인정받게 되었다.

이렇듯 연구란 한 사람의 끊임없는 노력도 중요하지만, 흐르는 강물처럼 그 물줄기가 끊이지 않는 것 역시 중요한 것이다.

X선을 발견한 뢴트겐, 그 뒤를 이어 평생을 인광 물질 연구에 전념한 앙리 베크렐, 또 앙리의 연구에 강한 관심을

가진 퀴리의 연구 하나하나가 힘으로 결집되어 탄생된 것이
바로 방사능이었다.

⟁우주의 신비를 찾아서

- 알베르트 아인슈타인[11]의 상대성 이론 -

I

'금세기 최고의 물리학자', '천재적 두뇌의 과학자', '신이 창조한 천재' 등 알베르트 아인슈타인을 일컫는 말은 수없이 많다. 그리고 이 많은 칭송과 일컬음에 결코 뒤지지 않을 만큼 그가 위대한 '과학의 아버지'임은 그 누구도 의심치 않을 것이다.

사람들은 그의 천재성에 감탄하며 부러워하였다. 그의 오랜 땀의 결실이며 연구의 결과인 광량자 이론, 상대성 이론 등은 기존의 과학의 틀을 과감히 부수는 데 혁신적인 역

---

11) 미국의 물리학자(1879~1955). 독일 출신의 유태인으로서 미국으로 귀화하여 '특수 상대성 원리', '일반 상대성 원리'를 발표함. 그밖의 많은 연구활동으로 1921년 노벨 물리학상을 받음.

할을 담당했다. 하지만, 이렇게 온 세계의 부러움을 한 몸에 받는 위대한 과학자 알베르트 아인슈타인의 어린 시절은 크게 찬란하거나 눈에 띄는 것은 아니었다. 오히려 극히 평범한 생활의 연속이었다.

"지징 징징, 캥 캥 케에엥."

귀에 거슬리는 날카로운 쇳소리가 온 건물 안에 쩌렁쩌렁 울려 퍼졌다. 사람들은 모두 고통스러운 듯 고개를 숙이거나 귀를 틀어막으며 얼굴을 찌푸렸다.

'알베르트! 어쩌자고 이렇게 말썽을 피우는 거니? 이런, 또 바이올린의 줄이 끊어졌잖니!'

엄마에게 꾸중을 듣는 소년의 얼굴은 막 물이 오른 탐스러운 딸기 마냥 발갛게 달아올랐다. 흰 피부에 상기된 두 볼이 유난히 붉어 보였다.

"난, 싫어요. 싫어!"

소년은 들릴 듯 말 듯한 나즈막한 소리로 중얼거렸다.

"알베르트! 더 이상 어리광은 결코 받아 주지 않을 거야! 엄마도 이번만큼은 절대로 양보하지 않을 거다. 어서 선생님께 정중하게 사과드리고 다시 시작해!"

어머니는 몹시 화가 난 듯했다. 그녀의 음성은 낮고 작았지만, 어딘지 모르게 거역할 수 없는 힘과 위엄이 서려 있었다. 그녀의 목소리에는 주위의 모든 것을 굴복시키는 마력이 숨어 있는 듯하였다.

어린 알베르트에게 어머니는 절대적인 존재였다. 그는 어머니의 위엄 어린 목소리에는 어떤 대꾸도 저항도 할 수 없었다. 그는 깊은 한숨을 내쉬고는 바이올린을 집어 들었다. 그의 가늘고 흰 손이 가볍게 떨리고 있었다.

알레르트 아인슈타인의 어머니는 이성과 지식을 풍부히 갖춘 엘리트 여성이었다. 그녀는 결코 자식을 멋대로 자라도록 놓아두지 않았고, 또한 틀에 박힌 엄격함에 찌든 아이로 키우지도 않았다.

그녀는 나름대로 자신의 철학에 따라 자신의 아이들을 감수성이 풍부하고 상상력이 뛰어난, 아이다운 아이로 키우기 위해 노력을 아끼지 않았다. 그것은 유태인에게 오랫동안 이어온 생활철학의 한 단면에서 비롯된 것이었다.

'물고기를 잡아 주는 것보다 물고기를 잡는 법을 가르치라.'

그녀의 지나친 자유분방함과 교육에 대한 열의 탓인지, 어린 알베르트는 유난히 어머니의 영향을 많이 받고 자랐다. 바이올린 레슨 역시 어린 알베르트에게는 하기 싫은 고역이었지만 어머니에 의해 반강제적으로 강요된 것이었다.

그러나 이 때의 음악 교육은 후에 그를 음악적 관심의 세계로 이끄는 데 일조하였고, 그는 이 영향으로 생활 속에서 늘 음악적 평온함을 찾으며 살게 되었다.

Ⅱ

“아인슈타인! 알베르트!”

1888년 3월의 어느 날, 길가에 갓 봉오리를 틀어 올린 개나리와 아직은 푸른 잎과 가지뿐이지만, 곧 붉은 빛을 뿜낼 장미 넝쿨이 가득한 정원 사이로 아이들의 왁자지껄한 경쾌한 목소리가 봄의 기운처럼 울려 퍼졌다.

“알베르트. 이봐, 여기 있으면서 왜 대답하지 않은 거니? 얼른 일어나. 야구하리 가자.”

“…….”

“야! 지금 뭐하는 거야? 내 말 안 들려?”

친구들의 재촉에도 불구하고 알베르트의 자세는 처음 그대로였다. 귀를 바닥에 대고 비쩍 마른 엉덩이를 하늘로 치켜든 채 웅크린 그의 모습은 너무 괴상했다. 아이들은 그 모습을 보며 웃음을 터트렸다.

“킬킬킬. 저 녀석 또 미친 건가?”

“얘! 이번엔 뭐니? 이번엔 뱀의 이야기를 듣고 있니? 아니면 벌레들의 합창?”

“와하하, 하하.”

“조용히 해. 너희들이 그렇게 크게 웃으면 아지랑이들이 놀라서 숨어버린다고.”

“뭐, 뭐라고? 아지랑이?”

“미쳤냐? 얘들아, 우리끼리 가자. 저 녀석은 아직도 아
지랑이와의 데이트가 끝나지 않았단다.”

“킬킬……”

멀어져 가는 아이들의 뒷모습 속에서 어린 아인슈타인
은 그들의 웃음소리를 분명히 들을 수 있었다. 순간 왠지 모
를 허전함이 밀물처럼 그의 마음 한구석에 조용히 밀려왔다.

‘그래, 아지랑이. 그게, 뭐 어쨌다고. 쳇!’

그는 애써 태연한 표정을 지으며 자신을 위로하려 했
지만 허전함은 쉽게 가시지 않았다. 그는 자기 앞에 놓인 작

은 돌멩이를 툭툭 걸어찼다.

　어린 아인슈타인은 매우 내성적인 소년이었다. 침묵을 좋아했고, 혼자만의 자유로운 시간을 즐기고, 독서에 심취했다. 특히, 그가 관심을 둔 것은 어른들이 나누는 내용을 알 수 없는 어려운 대화들이었다.

　조용히 어머니와 아버지, 아버지와 삼촌의 이야기를 들으며 그는 어른들의 세계, 아직 경험하지 않은 낯선 세계를 여행할 수 있었던 것이다. 그의 머릿속은 온통 이야기로 가꾸어지고 만들어진 희귀한 세계로 가득했다.

　이렇게 주위의 또래 아이들과 어울리지 못하고 나이에 비해 유난히 말수가 적은 그를 부모님은 걱정스런 눈으로 바라보았다. 그러나 그는 그런 걱정에 아랑곳하지 않고 세심한 관찰력과 집중력을 종종 돋보여 부모들을 놀라게 하였다.

　"이게, 뭐죠? 예?"

　"음, 나침반이란 것이란다."

　"나침반! 그게 뭔데요? 도대체 어디에 쓰이는 거죠?"

　"음, 그건 위치를 알려주는 것이지. 이렇게…… 이쪽이 북이고 이쪽은 남이란다."

　"어떻게 그럴 수가 있어요? 어떻게……."

　"원리가 뭐여요?"

　"무엇을 가지고 만들지요?"

　그의 질문은 끝도 없이 계속되고, 너무나 집요해서 거

기에 대응할 수 있는 사람은 부모님뿐이었다. 그의 부모님만이 그의 끝없는 질문에 친절히 그리고 끈기 있게 대답해 주었던 것이다.

그 때의 알베르트는 또한 자신의 미래에 대해 확신을 갖고 있지 못했다. 그는 자신이 무엇을 원하는지조차도 알지 못했다. 그저 틀에 박힌 학교 교육이 낡아빠진 곰인형처럼 지겹게 느껴질 뿐이었다.

'지구는 돈다. 태양은 계속 빛을 내뿜고……. 도대체 이런 것들을 외워서 뭘 하자는 거지? 누구의 시가 유명하고, 몇 년도에 어떤 정치가가 태어난 게 나랑 무슨 상관이야.'

10살 무렵에 들어간 학교에서, 그는 수업진행에 많은 불만을 품고 있었다. 그리고 그의 그런 태도는 곧 학교 성적에 반영되었다. 그는 틀에 짜 맞춰진 교육에 오랫동안 적응하지 못했고, 심한 적대감까지 갖고 있었다. 그리하여 결국 그는 15세 때 퇴학을 당하고 말았다.

Ⅲ

"이봐, 아인슈타인 뭐하고 있니?"

"응, 그냥. 음악 듣고 있어."

고가구의 기다란 탁자 위에 축음기가 놓여 있고, 그 안에서 바이올린의 고아한 선율이 흘러나오고 있었다.

"그래? 자, 이 책 한번 읽어보지 않겠니?"

"응? 무슨 책인데."

"읽어봐. 네가 무척 흥미롭게 생각할 것 같아서……."

멀리서 의학 공부를 하는 사촌 막스 탈마이의 방문은 아인슈타인의 일생에 전환점을 마련하는 일대 계기였다. 막스 탈마이에 의해 아인슈타인에게 건네진 책은 수학과 자연 과학에 관한 이야기가 가득한 것이었다.

처음 책을 펼친 뒤, 그는 손에서 그 책을 떼놓지 못하였다. 그는 그 책에 심취했다. 특히 아인슈타인이 깊은 관심을 보인 부분은 수학 가운데에서도 기하학에 관한 부분이었다.

그 후 아인슈타인의 생활은 눈에 띌 정도로 달라졌다. 그는 손수 서점에 가서 책을 고르기도 했고, 도서관에서 이곳 저곳을 뒤지며 필요한 책을 찾는 열성을 보이기도 하였다. 드디어 그가 자신의 미래에 대해 관심을 보이기 시작한 것이었다. 그러나 그의 이런 꿈은 고등학교에서 퇴학을 당함으로써 잠시 침체기에 빠지게 되었다.

"아니! 난 그래도 후회하지 않아. 단지 규격화된 생각을 하는 인간을 키우기 위해 학교가 존재한다면 과감히 버리겠어."

그 뒤 집에서 보내는 그의 시간은 더욱 많아졌다. 그는 오랜만에 찾아온 자유로운 시간을 독서와 음악을 들으며 나름대로 알차게 보냈다. 그러나 그는 좀더 체계적이고 넓은 세계의 지식을 갈망했기에 다시 학교로 돌아가게 되었다.

"이봐, 알베르트 어때? 학비는 구했나?"

취리히 공대의 뒷산은 푸른 잔디와 많은 나무들로 학생들 사이에서 인기있는 휴식처였다. 아인슈타인 역시 이 곳을 자주 찾았다. 그가 심란한 마음으로 이 곳을 오를 때면 어디선가 바람을 타고 흘러온 바이올린의 선율이 그를 위로해 주곤 하였다.

그 날도 아인슈타인은 답답한 마음으로 산의 잔디에 누워 푸른 가을 하늘을 바라보고 있었다.

"응."

아인슈타인은 친구의 질문에 가볍게 대답을 얼버무렸다.

"아직, 안 된 거야?"

"그렇게 됐어. 내일은 정말 친척집이라도 다녀와야 할까 봐."

"잘 될 거다. 그래, 힘내……."

친구의 격려도 위로의 말도 단지 허공에 날아다니는 먼지처럼 흩어질 뿐 그에게는 아무런 소용이 없었다.

스위스에서의 유학생활이 시작된 뒤, 그의 생활은 궁핍의 연속이었다. 학교에서의 과중한 연구 과제와 아버지의 사업 실패로 기인된 경제적 어려움은 그의 심신을 피로하게 만들었다. 하지만 그는 결코 중도에 학업을 포기하지 않았다.

'이 정도의 고생으로 늦게서야 시작된 나의 꿈을 포기

할 수는 없다. 실패는 성공의 어머니라고들 하지 않던가!'

이렇게 그는 스스로에게 자신감을 불어넣으며, 학업에 최선을 다했다. 그 결과 그는 우수한 성적으로 학교를 마칠 수 있었고, 교사가 될 수 있는 좋은 기회도 만날 수 있었다.

그러나 그는 교육자의 길을 포기하고 스위스 특허 사무실의 조사관을 직업으로 택하였다. 그로서는 가슴 아픈 일이긴 했지만, 이미 두 아이의 아버지가 된 한 가정의 가장으로서 져야 할 경제적인 부담의 문제가 걸려 있어 선택의 여지가 없었다.

하지만 그의 이 피치 못할 선택은 후에 그의 일생을 바꾸어 놓은 잊지 못할 계기가 되어 그를 '과학의 아버지'로 불리게 만들었다.

IV

'어째서 이런 문제들이 발생하는 것일까? 뉴턴의 이론대로라면 빛의 속도에도 적용되어야 할 텐데……'

낡은 책상 위에 산더미처럼 쌓인 서류를 관찰하던 아인슈타인은 고개를 갸웃거렸다.

'정말 이상한 일이군……'

그는 의자에서 일어나 허리를 이리저리 움직이며 뭉친 근육을 풀며 늘어지게 하품을 했다. 그러나 그의 머릿속은

㈜우주의 신비를 찾아서

169

여전히 앞서의 생각으로 가득차 있었다.

스위스의 겨울은 유난히 추웠다. 살을 에는 듯한 강한 산바람과 허리까지 빠지는 눈, 쉽게 단절되는 교통과 통신.

그는 문득 창밖을 돌아다보았다. 언제부터 내리기 시작했는지 온 세상이 눈으로 덮여 하얗게 변해 있었다. 게다가 바람까지 휘몰아치고 있었다.

갑자기 아이들 생각이 간절하였다. 야근이라는 명목으로 며칠째 집에 가지 못하였다. 그의 턱에는 제멋대로 자란 수염이 덥수룩하게 솟아 있었다. 그는 수염을 어루만지며 집에 남은 식구들의 얼굴을 떠올려 보았다. 취리히의 밤은 너무나 아름다웠다. 그의 입에서는 자연스레 음악이 흘러나왔다.

'엉? 저건!'

시간이 얼마나 흘렀을까? 밤하늘을 가르며 떨어져 내리는 유성이 그의 공상을 깨트려 버렸다. 어디서부터 왔는지 모르겠지만 유성은 밤하늘에 긴 꼬리를 남기며 반짝 사라져 갔다.

그 순간 아인슈타인은 무엇을 깨달은 듯 갑자기 자신의 책상에 놓인 서류들을 뒤져 낡은 서류철을 찾아내었다. 그것은 좀 전에 살펴보던 것으로 해군사관학교 선생인 미국의 과학자 마이클슨의 실험 보고서였다.

"…… 따라서 다음의 연구 결과, 빛에는 뉴턴의 법칙이 성립되지 않음을 알 수 있다."

간략하게 소개된 실험 보고서를 읽던 아인슈타인의 눈빛
이 반짝였다. 바로 광속도 불변의 법칙이 탄생되는 순간이었다.

아인슈타인은 이 실험 보고서와 자신이 깨달은 논리를
정리하여 '빛은 빛을 발하는 물체나 그 물체의 속도와 관계
없이 그것을 바라보는 관찰자에 의해 모두 같은 속도로 진
행한다'고 발표하였다. 이것이 바로 시간의 역행, 즉 타임머
신의 상상의 세계를 현실로 끌어낸 놀라운 이론인 것이다.

그의 발표에 사람들은 경악하였다. 그리고 그제서야 비
로소 외소한 몸집의 낯선 사나이를 인정하였다.

그리고 1905년 마침내 오랜 고통과 어려움 속에서 상대

성 이론이 정리 발표되어 수학과 물리의 공유적 법칙을 세상에 알리게 되었다. 그의 나이 26세였다.

V

"신이 부여한 인간의 생명을 인간이 인위적으로 박탈하는 것은 비인간적인 처사이다. 이 시간부터 우리는 자유의 수호와 신께서 누구에게나 평등하게 부여한 생명을 보호하기 위해 나치의 인권 탄압에 적극적으로 대응할 것이다."

1930년대는 혼란의 시대였고, 정치적 경제적인 암흑의 시기였다. 특히 민족 우월성을 주장하는 독일 나치에 의한 유태인 탄압은 세계적인 문제였다.

이에 앞장서서 전 세계의 언론에 나치의 잔악함을 알린 사람들 가운데 한 사람이 바로 알베르트 아인슈타인이었다.

'사람은 서로 사랑하고 의지하며 살아가야 할 의무를 지닌 공동체입니다. 누군가가 지배하고 지배당하는 원시적인 시대는 이미 지나갔습니다. 누구나 인간답게 살아갈 권리가 있습니다. 그들이 인간이면 저도 빨간 피가 흐르는 인간입니다.'

그러나 이런 세계의 노력에도 불구하고 나치의 탄압은 더욱 극악해지기만 했다. 이런 사실은 유태인이었던 아인슈타인에게는 견딜 수 없는 일이었다 그는 평화를 사랑하였고, 자유와 평등을 존경했다. 이 모든 일은 그에게 큰 상처가 되었다. 그리고 1945년 8월 세계대전이 막바지에 이를 무렵 그에게 씻을 수 없는 깊은 상처를 준 사건이 일어났다.

"호외요! 호외요! 일본이 항복을 선언했습니다. 미국이 일본의 히로시마에 원자탄을 떨어뜨렸습니다!"

새벽을 깨운 이 놀라운 사건은 66세의 아인슈타인에게 경악할 만한 슬픈 일이었다. 무엇보다 인간의 생명을 소중하게 여겼던 자신이 일대 살인극의 주인공이 되다니, 비참한 일이었다. 바로 그 자신이 직접 제안했던 원자탄의 개발이 많은 생명을 앗아간 것이었다.

그가 루스벨트 대통령에게 원자탄의 개발을 제안했을 때는 이런 결과를 생각지 못했었다. 그는 다만 원자탄을 개발하는 독일에 앞서 개발할 것을 건의했던 것이다. 어쨌든 이 일은 1955년 프린스턴의 한 병원에서 생을 마감할 때까지 계속 그의 영혼을 괴롭히며 남게 되었다.

아인슈타인은 인류가 과학을 올바르게 사용하기 위해 앞장선 진정한 과학자였다. 그의 과학이 인간을 파괴하는 살상의 도구로 이용되지 않기를 간절히 원했었다. 유감스럽게도 그가 떠난 지 40여년이 흐른 지금 그의 소망은 이루어지지 않고 있지만, 그가 남긴 과학적 업적과 함께 그의 인류애 정신은 길이 남을 것이다.

"나는 이 세상에서 부가 인간을 보다 인간답게 하는 데
도움이 되지 않는다고 절대 확신한다. 세계는 영원한 평화
와 착한 의지의 지속을 필요로 할 뿐이다."

★언제나 반짝이는 파란 눈동자

- 플레밍[12]의 페니실린 -

I

1881년 11월 타벨 근처의 작은 농가에서 우렁찬 아기의 울음소리가 메아리쳤다. 때아닌 이른 첫눈으로 주위는 온통 은백색의 물결을 이루고 있었다.

아이의 탄생을 축복하는 듯한 자연의 풍경과는 달리 집 안의 분위기는 차분하게 가라앉아 있었다.

"난산이었네. 아들이야."

또래의 아이들이 가득 모인 부엌의 식탁 위엔 마른 빵 몇 조각이 나뒹굴었다. 아이들은 그 마른 빵 몇조각이라도 더 먹기 위해 서로의 눈치를 보느라 정신이 없었다. 이런

---

12) 영국의 세균학자(1881~1955). 1928년에 푸른 곰팡이에서 페니실린을 추출함. 1945년에 노벨 생리의학상을 받음.

처참한 가난 속에서 알렉산더 플레밍은 플레밍가의 형제 중에서 7번째로 태어났다.

그는 태어나 걷기 시작하면서부터 집안 일을 도왔다. 그는 넓은 들판에 나가 양을 치며 자연을 벗삼아 생활하였다. 끝없이 펼쳐진 넓은 벌판 위에 서 있는 크고 작은 나무들, 꽃들, 풀들……. 어린 알렉산더는 자연과 더불어 살며 자연의 풍요로움을 닮았고, 그 속에서 정신적 성장을 이루었다.

"와아 아빠, 알렉산더를 보세요. 어려운 단어들도 뭐든지 다 척척 읽어 내요."

어린 알렉산더는 형제들 가운데 유난히 똑똑하고 영리
했다. 그런 알렉산더를 보며 알렉산더의 아버지는 알렉산더
를 공부시킬 것을 결심하였다. 이렇게 해서 알렉산더는 학
교에 입학할 수 있었다.

넓은 호수 위에서 날갯짓하며 뛰어 오르던 은어 떼와 수
많은 이름 모를 곤충들, 마치 요정이 나올 것 같은 자연 속에
서 성장한 알렉산더는 학교내에서는 특별한 소년으로 통했다.

"조니, 그 곳은 말이야 정말로 인어가 사는 곳이야. 난
인어를 여러 번 보았어. 난 그 곳을 사랑해."

알렉산더의 눈은 언제나 반짝였다. 그의 눈에 별이 박
혀 있는 듯 하였다.

어린 시절의 그의 총명함은 학교생활 속에서 여실히
그 진가를 발휘했다. 그는 늘 시험에서 1등 자리를 지켜냈
다. 그런 알렉산더는 상급학교를 마치자 런던으로 건너갔
다. 그 곳에는 이미 그의 형이 자리를 잡고 직장 생활을 하
고 있었다.

어둑칙칙한 런던의 하늘.

늘 안개가 뒤덮여 있고 차들의 요란한 경적 소리와 검
으스레한 연기들 속에서 알렉산더는 혼란스러웠다. 더욱 그
의 마음을 아프게 한 것은 직장 생활을 하는 형의 고생이
었다.

"형, 미안해. 나도 돈을 벌어야……."

★언제나 반짝이는 파란 눈동자

“괜찮아. 대신에 너는 더 열심히 공부해야 하는 거야.”

어느 새 4년이라는 시간이 흘렀고 알렉산더는 앳된 소년에서 건장한 청년이 되었다. 어렵게 공예 학교를 마친 알렉산더는 자신의 꿈과는 무관한 사무원 생활을 하고 있었다. 새벽 일찍 일어나 해 대신 별을 보고 출근해서 달을 보고 집에 돌아오는 그의 반복되는 생활들은 알렉산더를 지치게 하였다.

더욱이 그의 직업이라는 것이 발전이 없는 단순한 노동이었던 만큼 알렉산더는 자신의 직장에 애착을 느끼지 못했다. 그런 모습을 가장 안타깝게 바라보는 이는 그의 형이었다. 형은 그의 재능을 알고 있었고, 그의 능력을 믿고 있었다.

그러던 여름의 일요일, 유난히 해바라기가 활짝 피고, 플라늄 꽃이 생기를 띠던 날 알렉산더는 그의 형으로부터 뜻밖의 제안을 받았다.

“그래서 말인데. 난 네가 다시 공부를 시작했으면 한다. 좀더 시간을 두고 너의 적성에 맞는 그런 공부를 해서…….”

알렉산더에게는 뜻밖의 기회가 온 것이다. 그에게 이런 좋은 기회가 오리라고는 꿈에도 생각하지 못했다. 이렇게 해서 들어서게 된 의학에의 길. 청년 알렉산더는 자신이 뒤늦게 시작한 의학공부가 자신의 인생을 어떻게 변화시키는지는 알지 못한 채 멋진 학교 생활을 보냈다.

"쳇, 이번에도 알렉산더가 1등이군."

"그 친구 아무튼 대단해. 이것저것 하는 것도 많으면서 도대체 언제 공부하는 건지……."

"이번에는 학교 사격 대표로도 뽑혔다며?"

학교에서 알렉산더의 존재는 신비스러웠다. 모두가 힘들어하는 의학 공부를 여러 학교 활동에 참석하면서도 훌륭히 소화해냈고 최고의 위치를 내놓지 않았다.

친구들이 알렉산더에게 1등의 비결을 물어 보면 그는 늘 이렇게 말하였다.

"응, 그건……. 그건 바로 스코틀랜드인만이 가질 수 있는 기질이지. 자넨 그 곳의 풀내음을 맡아 본 적이 있나? 그 곳처럼 푸른 하늘을 본 적이 없어. 이 곳의 하늘은 너무 검고 나뭇잎들도 노랗고…… 그 곳은 낙원이야. 그 자연이 날 길렀어."

알렉산더에게 있어서 그의 고향 스코틀랜드는 어머니였다. 힘든 자신을 다독여주고 격려해 주는.

여기서 우리는 잠깐 당시 알렉산더가 거주하던 영국의 상황을 이야기해야겠다. 영국에 있어서 1800년대의 주목할 만한 사건은 산업 혁명이다. 석탄을 이용한 산업 체계로의 전환은 급속한 경제 성장을 이룩하였다.

하지만 좋지 않은 현상도 나타났다. 매연과 먼지로 인해 도시의 건물들이 부식됐고, 생물이 살기 힘든 공해 속에

서 사람들은 갖가지 질병으로 고생해야 했다. 그런 상황 속
에서 의학의 위치란 중요한 것이었고 이전보다 조금은 발전
된 약품들이 나타났다.

　우수한 성적으로 의과대학을 졸업한 알렉산더는 곧바로
'예방 접종 연구실'이라는 곳에 들어갔다. 이 곳은 티푸스
백신을 발견하고 세균 학자로 명성을 얻은 암로스라이트의
연구실이었다. 암로스라이트는 작은 키에 뚱뚱한 몸. 그리고
연신 울어대는 파이프의 연기, 허탈한 웃음 등 그의 풍채처
럼 익살스런 사람이었다.

　입담이 세고 토론을 즐기는 혼잡스런 분위기 속에서 알
렉산더는 변화가 적은 연구원이었다. 유달리 그의 모습은
'예방 접종 연구실'에서는 좀처럼 눈에 띄지 않았다.

　이 '예방 접종 연구실'에서 알렉산더는 그의 평생의 길
이 되는 백신의 연구에 들어서게 되었다. 그는 늘 수많은
환자들을 보며 그들의 아픔을 안타까워했다.

II

　그러던 가운데 1914년 제1차 세계대전이 일어났다.
　수많은 도시들이 파괴되고 그 속에서 죄없는 사람들이
죽어 갔다.
　사람들은 경보 사이렌만 울리면 죽음을 두려워하며 전

쟁의 공포 속에 떨었다. 그런 전쟁의 참혹함을 보면서 청년 알렉산더는 끓어오르는 분노를 참을 수가 없었다.

'전쟁은 인류에게 아무런 약속도 해주지 않는다. 수많은 내 또래 청년들이 전쟁이라는 굴레 속에서 총받이로 죽어야 하나! 나도 그들을 위해 무언가 해야 한다.'

알렉산더는 서둘러 프랑스로 건너갔다. 그 곳 야전 병원 연구실에 들어가 환자를 돌보며 연구 활동을 계속하였다.

"으악, 내 다리. 내 다리."

"사, 살려 주세요."

화상을 입은 사람, 팔 다리를 잃은 사람, 눈을 잃은 사람 등 많은 사람들이 그렇게 전쟁의 상처를 입으며 죽어 갔다.

처참한 광경이었다.

"알렉산더 선생님! 203호실 환자 좀 봐 주세요."

간호원이 뛰어들어오며 소리쳤다. 간호원의 백의는 어느 새 붉은 피로 얼룩져 있었다.

백의가 아닌 붉은 가운 그 자체였다.

"무슨 일이에요?"

병실에 도착한 알렉산더는 환자를 진찰하는 군의관에게 물었다.

"가스회저 같습니다. 맥박이 떨어지고 얼굴 색이 변했어요. 꽤 깊숙이 번진 것 같아요. 상처 부위가 꽤 썩어 있습니다.”

　‘가스회저라니…….’

　알렉산더는 기가 막혔다. 전쟁으로 인해 팔다리가 떨어져 나가는 것도 억울한데 손 한번 쓰지 못하고 가스회저로 목숨을 잃어야 한다는 것이 어처구니없었다.

　가스회저란 흙 속의 가스회저 균이 신체의 상처로 들어가 몸을 썩게 만드는 병이었다. 몸이 썩으며 나는 가스로 인해 심장이 약해지는 그런 병이었다. 당시의 소독기술이라는 것이 너무나 원시적이라 일단 가스회저에 걸린다면 죽음만을 기다려야 할 정도의 무서운 균이었다.

　‘그래, 아무런 목표도 없이 이들의 고통을 같이할 거라고 생각하면 안 된다. 이들의 고통을 조금이라도 덜어주기 위해 좀더 구체적인 노력이 필요하다.’

　이렇게 해서 알렉산더는 가스회저에 대한 치료 연구에 몰두하게 되었다. 그와 더불어 패혈증 치료제의 연구도 함께 했다.

　하지만 수많은 실험과 연구도 그의 편이 아니었다.

　계속해서 알렉산더는 실패했고 그 와중에 제1차 세계대전은 끝났다. 알렉산더는 전쟁 속에서 실패의 무거운 짐만을 안고 런던으로 돌아왔다. 전쟁은 인류에게 황폐만을 남겨 주었다. 여기저기서 전쟁의 피해를 복구하기 위해 땀을 흘렸다. 조금씩 건물을 세워 가며 자신들의 상처를 스스로

치료했다.

그 속에서 알렉산더 역시 자신의 실패의 상처를 스스로 치료하며 연구실에 돌아와 다시 한번 가스회저와 패혈증 치료 연구에 몰두하였다.

Ⅲ

"에취, 에취."

알렉산더는 연신 기침을 해댔다. 한여름이었는데도 그는 긴 소매의 옷을 걸치고 있었다.

★언제나 반짝이는 파란 눈동자

"자네, 감기 걸렸어?"

같은 연구실을 사용하는 아리슨이 알렉산더를 보며 익살스럽게 물었다.

"응, 며칠 전 비 오는데 우산을 안 가지고 와서……."

"으하하, 자네 오뉴월엔 개도 감기는 안 걸린다네."

아리슨은 알렉산더의 상태가 재미있다는 듯 연신 웃음을 그치지 못했다.

"참, 그나저나 자네 연구실 좀 정리하고 연구하게. 그렇게 복잡하게 벌여 놓으면 어디 불편하고 복잡해서 정신이 집중되겠어?"

아리슨은 알렉산더의 책상 위에 정신없이 펼쳐져 있던 배양 접시를 생각해낸 후 알렉산더에게 이야기했다.

"아! 그래. 미안해."

아리슨과 헤어진 알렉산더는 연구실로 되돌아왔다. 자신의 책상 위에 배양 접시가 가득 펼쳐져 있고 여기저기 시험관들이 놓여져 있었다.

간간이 밝은 햇빛이 귀퉁이에 놓인 알렉산더의 연구실에 비치고 있었다. 알렉산더는 햇빛 쪽으로 얼굴을 갖다 댔다. 햇빛이 알렉산더의 얼굴 위로 날아들었다.

'오뉴월 감기는 개도 안 걸린다고……'

아리슨의 이야기를 떠올리니 웃음이 나왔다.

"후후, 에에 에이취."

순간 알렉산더는 기침을 참지 못하고 쏟아 냈다.

"이, 이런."

기침을 한 후 코는 시원했지만, 배양 접시 위로 그의 콧물이 떨어졌다. 알렉산더는 서둘러 배양 접시를 살폈다. 다행히 여러 개의 배양 접시 가운데서 하나만 뚜껑이 열려 있고 나머지는 뚜껑이 닫혀 있었다.

"다행이다. 하지만 뚜껑이 열린 이 배양 접시의 세균은 못쓰겠군."

알렉산더는 배양 접시 균들을 현미경으로 천천히 살피며 혼자 중얼거렸다.

"엉? 이게 뭐지?"

뚜껑이 열린 배양 접시를 관찰하던 알렉산더는 이상한 현상을 발견하였다. 커다란 균덩어리 가운데 균이 녹은 듯이 커다란 구멍이 뚫려 있었다.

"아리슨! 아리슨!"

"또 뭐야?"

알렉산더의 소리에 아리슨은 뛰어 들어오며 투덜댔다. 알렉산더는 늘 사소한 발견을 하고도 대단한 것처럼 부풀려 이야기하였다.

"이것 좀 보라고. 내 콧물이 떨어진 부위에 세균이 녹아 없어졌어."

알렉산더의 말대로 균의 한가운데에 구멍이 뻥 뚫려 있

었다.

"정말 희한하군."

이런 기대치 않은 발견이 있은 후, 알렉산더는 곧 콧물의 살균력을 실험해 보았다. 결과적으로 알렉산더는 콧물에는 라이소자임이라는 살균력을 지닌 물질이 있다는 것을 알아냈다. 하지만 이것은 커다란 전염병 균 앞에서는 꼼짝하지 못했다. 알렉산더는 미세하지만 라이소자임의 살균력에 눈꼽만큼의 기대를 걸고 계속해서 연구하였다.

IV

"어휴, 올 여름은 더욱 습한 것 같아. 오늘 입고 나온 옷이 벌써 축축해졌어."

라이소자임 연구를 시작한 지 6년이 흐른 1928년의 여름은 알렉산더에게 짜증나는 여름이었다. 유난히 습도가 높아 연구하기가 힘들었다. 알렉산더는 포도상구균이 담긴 배양 접시를 들여다 보았다. 포도상구균은 패혈증, 농 등의 원인이 되는 균이었다.

"똑똑똑."

늘 연구실에만 있는 알렉산더를 만나기 위해 친구 프라이스가 찾아왔다.

"아! 이 친구, 여기서 굴 파나? 자네, 두더지가 되기로 한 거야?”

프라이스는 문을 열며 요란스러운 구두 소리를 냈다.

“이봐, 좀 이렇게 창문도 열고 사람같이 살라고…….”

프라이스가 문을 열자 신선한 공기가 날아 들어왔다. 그렇게 오랜만에 회포를 푼 후 며칠이 지나 알렉산더는 자신의 포도상구균 배양 접시에 곰팡이가 생긴 것을 발견하였다. 곰팡이가 서린 부위에는 포도상구균이 녹아 있었다.

‘그 때와 같다. 그 때와 똑같아.’

알렉산더는 얼마전 라이소자임을 발견했을 때의 일을 떠올렸다.

‘분명, 어제 프라이스가 창문을 열었을 때 하늘에 날아 다니던 곰팡이 포자가 날아든 것이야.’

알렉산더는 서둘러 주위를 둘러보았다.

백금고리가 눈에 들어왔다. 알렉산더는 백금고리를 집어들고는 곰팡이를 묻혀서 배양용의 고기 즙에 넣었다. 백금은 순수 합금체로 이물질이 섞이지 않았다. 좀더 신중을 기하기 위해 사용하였다. 이렇게 해서 배양된 곰팡이를 가지고 실험한 결과 알렉산더는 곰팡이는 라이소자임보다 강한 병원균을 죽이거나 나지 못하게 하는 힘을 가지고 있다는 것을 알게 되었다.

청년 시절의 알렉산더, 그리고 30대 중반에 이른 알렉산더에게 있어서 그의 뒤를 쫓아다니며 그의 꿈을 이루게

했던 무한한 탐구욕.

　누구에게나 그렇듯이 무언가 하나를 발견하거나 발명한다는 것은 결코 쉽지 않은 일이다. 수없이 반복되는 실패를 과감히 이겨내고 얻은 승리의 값어치는 단순히 돈의 액수로 매길 수 없는 것이다. 또 혼자의 힘으로 하는 일도 있지만, 무언가의 영향이나 색다른 이론으로 인해 실험을 성공적으로 이끄는 경우도 많이 있다.

　알렉산더도 플로리와 채인이 낸 원리에 적지 않은 영향을 받았다. 플로리와 채인은 옥스퍼드 대학에서 항생학을 강의하는 교수였다. 플로리는 알렉산더의 라이소자임에 신비한 매력을 느꼈다. 이에 플로리는 동료 병리학 교수 채인을 설득하여 라이소자임을 결정화하는 연구에 착수하였다.

　그리고, 연구에 착수한 지 일년 반이 지나 라이소자임의 결정체를 끄집어 내는 데 성공하였고, 곧이어 페니실린에 관심을 갖기 시작했다. 수없이 많은 질문들과 싸워 가며 그들은 알렉산더의 곰팡이에서 해답을 얻고자 노력하고, 많은 시간을 투자하였다.

　그러나 곰팡이는 생각처럼 쉽게 페니실린을 내놓지 않았다. 알렉산더가 플로리와 채인의 연구 논문을 보고 놀랐던 것은 페니실린을 뽑아내기 위해 '동결건조'를 이용했다는 점이었다. 이 '동결건조'는 혈액들을 보관하기 위해 사용했던 방법이었다.

★언제나 반짝이는 파란 눈동자

플로리와 채인은 결국 그들의 땀의 대가로 완전하지는 않지만 페니실린을 추출해 냈다. 그들에게 남은 일은 이제 실험할 대상을 찾는 것이었다. 실험 대상으로 쥐가 선택되었고 병에 걸린 쥐에게 페니실린을 투여하였다. 쓰러져 가던 쥐는 언제 아팠냐는 듯 힘을 찾아 음식을 갉아 먹었다.

"성공이다!"

플로리와 채인은 서로 부둥켜안고 기쁨의 눈물을 흘렸다. 페니실린이 약으로 제조되기까지는 많은 어려움이 있었다. 도이칠란트의 침공으로 더는 연구를 할 수 없었고, 수많은 약품 공장이 문을 닫았다.

하지만, 이제 페니실린을 더 이상 숨긴 채 쉬쉬 거릴 수는 없었다. 플로리는 미국의 연구소에 페니실린의 연구를 부탁했고, 신비의 명약 페니실린의 인기의 물결은 곧 전세계에 퍼졌다.

"언젠가는 페니실린이 인류의 광명이 될 것임에 틀림없다"고 주장했던 알렉산더 플레밍의 생각은 현실화되었고, 수많은 생명을 구하는 업적을 남겼다.

왕연중 선생의
신나는 발명교실 2

·

처음 펴냄 / 1997년 8월 1일
2쇄 펴냄 / 2001년 6월 20일

·

지은이 / 왕연중
펴낸이 / 이방원
꾸민이 / 이소영
펴낸곳 / 세창출판사
주소 / 서울특별시 종로구 교남동 47-2
E-mail / sc1992@korea.com
homepage / www.sechangpub.co.kr
전화 / 723-8660 (代) 팩스 / 720-4579
등록 / 1990. 10. 8 제 2-1068호(윤)

·

값 5,500 원

*잘못 만들어진 책은 바꾸어 드립니다.

ISBN 89-85263-82-X   03000

세창